出会いの教科書

運命の出会いは
存在する――

ENCOUNTER

羽賀ヒカル
HIKARU HAGA

Clover
クローバー出版

出会いの教科書

羽賀ヒカル

人は、出会うために生まれてきた。

はじめに

突然ですが、〝いい出会い〟を見極める極意をお伝えしましょう。
それは、自分の呼吸を、よくよく感じてみることです。

相手の声を聞いているとき、
相手がそばにいるとき、

「息が詰《つ》まる」か「息が深くなる」か。

恋人であれ、結婚相手であれ、友人であれ、ビジネスパートナーであれ、一緒にいて、息が詰まるような人間関係は長続きしません。

人は、外見や性格、職業、収入、ファッション、雰囲気……、
そうした諸々《もろもろ》の条件で、相手のことを見極めようとします。

たしかに、それらは1つの判断基準にはなり得ます。
けれど、表面的な条件に囚《とら》われるほど、本質が見えなくなるものです。

あなた自身の〝呼吸の深さ〟を、何より大切にしてみてください。
なぜなら、人間の体は、答えを知っているからです。

たとえ初対面で、相手のことを何も知らなくても、
体は、相手が発する〝Vibes《バイブス》（波動）〟に正直に反応します。

呼吸が浅くなる。それは無意識のうちに、相手を警戒しているということです。
呼吸が深くなる。それは心も体も、ゆるんでいるということです。

特に女性は敏感ですから、きっと経験があるでしょう。
ただ好きな人の声を聞いているだけで、呼吸が深くなっていく、あの感覚――。
肩の力が抜けていく。安心感に包まれる。無理をせず自然に笑える。

「ありのままでいいんだ」と思える。

そういう深い呼吸ができるような〝誰か〟と出会うことは、どんなにお金を儲けるよりも、いい仕事に就くよりも、はるかに価値があります。

では、どうすればそんなご縁につながることができるのか？
それを書いたのが、この『出会いの教科書』です。

本書は、ただの〝出会いマニュアル〟ではありません。

こうすれば出会いのチャンスが増える、会話がうまくなる、魅力的に見える、男性に（女性に）モテる、そういったノウハウは世の中に溢れかえっています。

ええ、たしかに、それらのテクニックを使えば、出会いは増えるでしょう。

でも、それらの多くは、単なる〝駆け引き〟であって、〝愛〟ではありません。

だから、たとえ出会いが増えて、恋人になったり、結婚したりしても、愛のある関係が結ばれにくいのです。実際に、恋愛や結婚で、かえって不幸になっている人がたくさんいることを、きっとあなたもご存知でしょう。

必死に〝自分じゃない自分〟を演じて、もし、あなたのことを気に入ってくれる人が現れたとしても、その人とずっと一緒にいるのは、しんどいことです。

みっともない自分を見せたら、嫌われるかもしれない……。
本音を言ったら、離れていってしまうかもしれない……。
そうやって怯《おび》えながら共にいる関係は、果たして幸せでしょうか？

本当の運命の人というのは、ドキドキ胸が高鳴るような相手ではなくて、もっと懐《なつ》かしくて、初めて会う気がしないような、ぬくもり、いつくしみ、安らぎに満ちている、そんな人のことです。

浅くて、荒い呼吸ではなく、
深くて、静かな呼吸をしていたら、
運命の人を探し当てる〝直感《センサー》〟が働き始めます。

その直感を、極限まで研ぎ澄ませる方法を、この本に書きました。

私は占い師として、これまで1万件以上の方のご相談を受けてきました。その中には〝導かれた〟としか思えないようなご縁で結ばれた方が、たくさんおられます。

そして、みなさん口をそろえて、こうおっしゃるのです。

「なぜか、初めて会った気がしない」

「何十年ぶりに再会したみたいに、懐かしい感じがする」

不思議なことに、初めて会う相手なのに、わかる人にはわかるのです。

ずっと会いたかったのは、この人だと。

本来、人間には、5Gをも凌《しの》ぐほどの送受信能力が備わっています。

この数十億人もいる人類の中から、心から〝会いたい〟と願う運命の人がどこにいるのか、ちゃんと、あなたの意識はキャッチしているのです。

今はまだ、信じられないかもしれません。でも、信じてください。

その直感は、あなたの中にも必ずありますから。

人生の幸運、不運は、いかにその〝秘められた直感〟を開くかにかかっています。

日本に古くから伝わる神道《しんとう》も、伝統的なヨーガも、東洋の占術も、西洋の錬金術も、つまるところ、その直感を開くということを、1つのゴールとしていました。

なぜなら、その直感を頼りに運命の〝誰か〟と出会うことこそが、人が生まれてくる最大の目的だからです。

本書には、日常生活の中で、自然とその直感が開かれていく秘法を記しました。

第1章には、なぜ私が出会いの秘密を知るに至ったのか、なぜ出会いが欲しいと望んでいるのに幸せになれない人が多いのか、その真相を書きました。

お読みいただくだけで、勘《かん》のいい方は、出会いの感覚が開かれていくはずです。

第2章~第5章は、最高のご縁が結ばれる4つの道《ルート》を歩むための、具体的な実践方法です。

一気に全部やろうとしなくても構いませんから、肩の力を抜いて、まずできることから始めてみてください。どれか1つでも実践すれば、見える世界が変わっていきます。

そして第6章は、人間の魂が求める、たった1つの願いについて書きました。

人間の魂は、何千年、何万年、ある1つの出会いを果たすために、時空を超えて、この宇宙を彷徨《さまよ》っています。

その旅を終わらせるため、あなたはこの本に出会ったのかもしれません。

羽賀ヒカル

第2章 心と体を整える／清浄の道

第3章 無私の心に至る／奉仕の道

第4章 自分の心を見つめていく／内省の道

第5章 純粋な気持ちで生きる／愛と見神の道

第6章 本物の出会いを果たすために

第1章

本当の幸せとは

◆訪れた運命の出会い

初対面のはずなのに、なぜか懐かしい。
じんわりと胸が温かくなり、不思議な安心感に包まれる。
今までやってきたことも、偶然も、全部、この人と出会うためだったとしか思えない。

そんな〝運命の出会い〟を、あなたは経験したことがありますか？

私の人生も、たった1つの出会いがきっかけで、激変することになりました。
その出会いは忘れもしない、高校1年生の春のこと。

うちは代々医者の家系です。当時、親や親戚からは口癖のように、「あなたもお父さんのようになりなさい」と言われていました。

祖父は地元の名士と呼ばれ、父親も開業医。
収入も、地位も、名誉もある。
友だちの家に遊びに行っても、自分の家より大きい家は1軒もありません。
普通に見れば、誰もが羨《うらや》む、とても恵まれた家庭だったと思います。
親にも愛情をかけられて育ちました。

親が私に望んでいたことは、立派な医者になること。
あたかも、それが幸せの条件であるかのように教えられ、幼いころは、なんとなく自分も、将来は医者になるのかなと思っていました。

しかし、だんだん違和感を覚えるようになります。

周りの大人たちが求めていることと、自分の本心とのズレに気づき始めたのです。

とはいえ当時の私には、その本心を告げる勇気が、ありませんでした。

もしも医学部に合格できなければ、哀《あわ》れみの目で見られるかもしれない……。本当の自分を出したら、誰も相手にしてくれなくなる……。

家族はもとより、学校の友だちにも、先生にも、そんな悩みを打ち明けられるような相手は1人もいませんでした。孤独感はどんどん大きくなっていきます。

私は本音で付き合える「誰か」との出会いを渇望《かつぼう》していました。

勉強に身が入らず、かといってほかにやりたいこともない。

何をしたらいいかもわからない。

しかし周りの大人たちは、毎日のように「勉強しなさい！　もう高校生なんだから！」と、プレッシャーをかけてくる。

やっぱり、他人が敷くレールの上を進むしかないのか……と、なかば諦《あきら》めかけていたとき、私は〝運命の出会い〟を果たし、幸せとは何かを知ることになりました。

◆塾長（北極老人）との運命の出会い

そんな私に、運命の転機が訪れます。

ある日、突然、母が学習塾を勧めてきたのです。

「進路は自由にしていいよ」とは言いながらも、母が医学部へ進んでほしいと思っていることは、痛いほどわかっていました。

チラシを手渡され、まず目に飛び込んできたのは、『占い師をしていた二十代……』という、塾長のプロフィールでした。

「占い師から塾の先生に？」

勉強には興味はありませんでしたが、そのプロフィールに、妙に惹《ひ》かれている自分がいたのです。とりあえず大学には行っておこうと思っていた私は、興味本位で見学に行くことに。その塾は、家から歩いてわずか3分のビルの5階にありました。

入ってみると、そこは異空間。

普通の学習塾とは、何もかもが違っていました。

風水のオブジェが飾られた玄関は、陽の光で輝いて見えました。

奥の部屋へ案内されると、空気がきれいで、気持ちのいい空間が広がっています。

中心には、木目がきれいな八角形のテーブルがありました。

「こんにちは」

背後から声がして振り返ると、温かくも風のように爽やかな空気をまとう男性の姿がありました。その男性こそ、塾長の北極老人《ほっきょくろうじん》だったのです。

その涼やかな声に、それまでの緊張が解けて、「ふぅー……」と、なぜか息が深くなったのを覚えています。

入塾説明が始まると、母はこの塾に来た経緯を話し始めました。私は、母の話はうわの空で、キョロキョロしながら塾の中を見ていました。

そろそろ母の話も終わるころかなぁ。そう思い、ふと視線を上げると、北極老人と目が合いました。

その瞳《ひとみ》から目を離せずにいると、北極老人は少し間をおいて、優しく語りかけてくださったのです。

「あくまでも私の直感なのだが……。
キミは、本当は医者になりたくないんだね？」

「えっ⁉」

突然言われ、ドキッとしました。なぜなら、そう思っていることは、親にはもちろん、誰にも話したことがなかったからです。
それなのに、母の目の前でズバリ言い当てられ、私は思わず口をつぐみました。
すべてを見透かしているかのように、北極老人はさらにこうおっしゃったのです。

「ああ……、キミは医者の家系だね。でも、医者にはなりたくない。たしかに、キミは医者というより、むしろ政治家に向いている。弁舌の才能がある。聴衆《ちょうしゅう》に向かって雄弁《ゆうべん》に語りたい、そういう欲求がある。でも、今は語るべきことが何もないから、つまり勉強してないから、100パーセントそうは思えていない。勉強すれば、きっと出てくると思うけど。

とにかく、医者にはなりたくない。それを、親にも誰にも、口に出して言えないから苦しい。苦しいから、勉強しない。勉強しないから、才能も出てこない。いっそう苦しくなって、ますます勉強しなくなる。それがキミの無意識が描いたシナリオであり、反発であり、鬩《せめ》ぎ合いだね」

もうこの人の前ではごまかせないと思い、私は首を小さく縦に振りました。

我が家が、医者の家系であることも、私がそれに、内心反発していることも、亡《な》くなった祖父が政治家で、その影響かどうかはわかりませんが、私が人前で話すのが好きなことも、受験勉強から無意識のうちに逃げていることも、全部その通りだったのです。

しかし、そもそも、そんなことを、初対面の北極老人が知っているはずがありません。

では、なぜそれがわかったのか。きっと、母が事前に話していたからに違いないと思い、母のほうをチラッと見てみると、私以上に驚いている様子でした。どうやらそうではなかったようです。私は北極老人に尋《たず》ねました。

「……どうしてわかるんですか？」

「何万件も人生相談に乗って、何万人もの人を観察していれば、ある程度のことは自然にわかるようになるものさ。もちろん、人の心というのは素直じゃないから、わかりづらい。でもね、本音は、瞳の奥に映っているものなんだよ」

そう言って、なんの疑いもない瞳でまっすぐに見つめられたとき、それだけで救われたような気がしたのです。

しかし、私が医者になることを誰よりも望んでいた母が、そのまま黙って退《ひ》きさがるわけがありません。実はこのあと、そんな母も北極老人のお話により、たった1日で考えが変わることになったのですが……、それは本書のテーマからそれますので、詳しくは拙著『書けば叶う』（ＳＢクリエイティブ）をお読みいただければ幸いです。

◆あるがままの自分

たまたま訪ねた大学受験塾で、まさかこんなすごい出会いがあるなんて想像もしていなかった私は、内心、興奮しっぱなしでした。

入塾説明が終わっても、まだまだ話を聞いていたい。帰りたくない。そんな気持ちから、私は席を立つ前に、自分の心の内を明かしました。

「……これからどう生きていきたいのか、自分でもよくわからないんです」

すると、北極老人はこう諭《さと》してくださったのです。

「今は、進むべき道がわからなくてもいい。行く手にどんな困難が待ち受けてい

ようが、キミはこの先、自分の本音に従って生きられるようになるから」

親の機嫌を取って生きてきた日々。初めて、ちゃんと自分の本音と向き合いたいという思いが湧いてきて、すかさず聞きました。

「あの、ちょっと哲学的なことを聞きますけど……、そもそも〝自分〟ってなんですか？」

「〝自分〟を説明するなら、自分の名前、親の名前、祖父母の名前、住所、生年月日、学歴、職業、実績、あれが好き、これが嫌い、と自分に当てはまる条件を、ずらりと並べるしかない。

しかし、それは自分に付着した過去のデータであって、本当の自分とは言えない。

本当の自分とは、むしろ、自分に付着したデータをすべて取っ払ったときに初めて現れる〝何者でもない〟自分のこと。

それが〝あるがまま〟の自分。

見方を変えれば、〝あるがまま〟の自分とは、条件次第で、何者にでもなれる自分であり、無限の可能性を持った自分ともいえるだろう」

この言葉を聞いて、なぜ北極老人の眼差《まなざ》しは温かいのか。その理由がわかりました。それは、〝医者の息子〟ではない、あるがままの私を見つめてくださっていたからです。

生まれたての赤子を抱く母の目が温かいのは、その子になんの条件も課していないから。「生まれてきてくれてありがとう」という想いで、ただただ尊い命を祝福しているのです。


あぁ、息をしている。

心臓が動いている。

それだけでもう十分幸せ。

それがいつしか、いい子でいてほしい、いい大学に入ってほしい、立派な職についてほしい、こんな人と結婚してほしい、収入はこれくらいで……と、条件を課すようになる。


〝あるがまま〟ではなくて、〝何者か〟になることを強要してしまうのです。


そうした目で見られるほど、子どもは自分の本音をごまかしてでも、親の期待に応えようとするものです。親の顔色をうかがうのが、もはや癖になってしまう。

その幼少期に作られた人格は、たいてい大人になっても根強く残ります。

周囲の人の期待に応えて認められることが、自分の生きがいであり役割なのだと錯覚してしまうのです。

当然、そのような人は自分の考えや信念を持っていません。ただ他人から言われたことを盲目的に信じて生きているのです。

だから、恋愛や結婚なら、家族や友人たちに説明ができることを基準にして、他人から評価されるような異性を選んで結婚しようとします。

たとえば、仕事、勤めている会社、地位、肩書、収入、仕事の実績、家柄、出身大学、人脈、趣味、所持品、ファッションセンス……など。相手そのものを見ずに、世間的な価値観、評判、基準で判断しているのです。

そうして、周りの人の目によって自分の生き方を決めていると、もはや何が自分の本音なのか、どんな人と一緒にいたいのかすら、わからなくなってしまいます。

もし、あなたが、本当にいいご縁とつながりたいと望むなら、
本当に愛し合い、許し合える〝誰か〟と出会いたいのなら、
まずは自分の本音に素直に従って生きること。それがスタートです。

まさか入塾説明で、そんな深いことを教えられていたとは、つゆ知らず、
私は、北極老人の心強い言葉と、温かい眼差しに惹かれて、入塾を決めました。

これが、のちに私の人生の師となる〝北極老人〟との出会いだったのです。

◆運命の人は1人ではない

運命の出会いと聞くと、多くの人は〝たった1人の誰か〟を思い浮かべます。
しかし、運命の人は、決して1人ではありません。
私はそれを、北極老人ご夫妻の姿から学びました。

北極老人ご夫妻ほど、ご縁に恵まれている人を、私は見たことがありません。
それは単に人脈が広いとか、そういうことではなくて、お二人の周りにいる人は、本当にいい人ばかりで、一緒にいるだけで、こちらまで幸せな気持ちになれたのです。

お二人は、まさに理想の夫婦像そのものでした。

そうは言っても、いわゆる〝オシドリ夫婦〟のように、いつもベッタリとそばにいるわけではありません。

北極老人は、日中は塾生たちを指導し、夜は自分を慕《した》って訪ねてきた人の相談に乗り、朝方に帰宅するような生活を送っておられました。まるで家族の面倒を見るかのように、お金も、体力も、時間も、学びもすべて、〝周りの人たちのため〟に使われていたのです。

奥様は、毎日、朝早くから塾に来て、塾生たちにお茶やおむすびを振る舞ったり、掃除や事務も1人でこなして、北極老人のことを陰で支えておられました。

にもかかわらず、お二人は疲れた様子などまったく見せず、いつも幸せそうでした。

私はとても不思議でした。

「どうしてこんなに満たされているんだろう」と。

その疑問が、私の中でふと消えたときがありました。

ある日、奥様と、塾生の女の子と、私の3人で、リビングでお茶をしていたときのこと。奥様がまだ北極老人と出会ったばかりのころの話を聞かせてくれました。

なんでも北極老人は、昔からいろんな人の人生相談に乗っては、その人の気持ちが晴れるまで、とことん話をされてきたそうです。朝まで帰って来ないこともよくあったとか。その話を聞いて、女の子が奥様に尋ねました。

「えーっ！　でも、そうやって相談に乗ってる相手の中には、女の人もいたんですよね。心配になったり、寂しくなったりしなかったんですか？」

その女の子の質問に奥様は、なんの戸惑《とまど》いもなく、満面の笑みで答えられました。

「そんなふうに思ったことは、一度もないよ。
だって彼は、私の彼でもあるし、みんなの彼だから。
彼にとって大事な人は、私にとっても大事な人だからね」

この迷いのない一言は、衝撃でした。
質問した女の子も、目を輝かせて聞いていました。

果たして、心の奥底からこのように言える人は、どれほどいるでしょうか。
誰もが、寂しさを抱えては、それを埋めてくれる人を見つけようとします。

自分だけを見ていてほしい。

自分だけを愛してほしい。

もっと自分のことを認めてほしい。

それこそが愛なのだと思い込んで、そんな願いを叶えてくれる〝運命の相手〟を探し続けている。

けれど、あえて厳しい言い方をすると、それは自分にとって〝都合のいい相手〟を選んでいるに過ぎないのです。


つまり、あるがままのその人を見ていないのです。

損得勘定《かんじょう》を働かせて、
この人はお金を持っていそうだから（安定した生活ができそう）、
この人はカッコいいから（友だちに自慢できるかも）、
この人は言うことを聞いてくれそうだから（楽をさせてくれそう）、
といったように、知らず知らずのうちに相手を品定めし、出会いを選りすぐっている。

そうして条件を突き合わせて果たした出会いは、はじめこそ「この人が運命の人に違いない」と思っていても、そのうち崩壊します。

「こうあってほしい」という期待を押し付け合うようになったり、「自分だけのものであってほしい」という嫉妬心《しっとしん》で相手を縛《しば》ったり、「こんなはずじゃなかった……」と、気持ちが冷めてしまったり。

相手を愛しているようで、実のところ、愛しているのは〝自分〟なのです。

しかし、北極老人ご夫妻は、一緒にいても、離れていても、深いところでつながっていました。

北極老人が、縁あって出会ったすべての人を大事にされていたら、奥様も同じように、みんなを大事にされている。お互いの見ている世界が同じなのです。

それを見て思いました。

誰かを愛するということは、お互いを見つめ合うことではなく、共に同じ世界を見ることなのだと。

運命の赤い糸

かつて1人の女の子が、北極老人に尋ねました。
「運命の赤い糸って、本当にあるんですか？」
すると北極老人は優しく微笑みながら、こうおっしゃいました。
「もちろん、あるさ。
赤い糸だけでなく、白い糸、青い糸、緑の糸、黒い糸、
あなたが一番出会いたい〝誰か〟につながる、黄金の糸もね」

多くの人が〝運命の出会い〟を求めています。

けれど、その相手は、たった1人ではありません。

色とりどりのご縁の糸は、まるでクモの巣のように絡《から》み合っていて、そのうち1本でも切れたら、黄金の糸も切れてしまうかもしれないのです。

だから、「目の前に現れる人は、すべて運命の人だ」という気持ちで、分け隔《へだ》てなく人を大事にすること。それが黄金の糸とつながる唯一の方法だと教わりました。

「袖《そで》振《ふ》り合《あ》うも多生《たしょう》の縁《えん》」という言葉があります。

この語源は仏教にあり、「多生」とは「多くの人生」のことを意味します。

つまり、街ですれ違うだけの人であっても、生まれ変わり死に変わり、輪廻転《りんねてん》生《しょう》する中で、前世からの深いご縁があって出会っているということ。

家族、友人、職場の同僚、近所の人、よく会うお店の店員さん。

目の前にいる人は、1人の例外もなく、あなたとご縁があるのです。

ところが、せっかく出会えたにもかかわらず、その貴重なご縁を活かしきれていない人が、あまりにも多いのです。

すでに与えられているご縁を大事にできる人は、またさらにご縁の糸が太くなり、出会いが向こうからやってくるようになります。

私は北極老人ほど、ご縁が広くて深い人をほかに知りません。

たとえば、こんなエピソードがあります。

私が大学生のころから、北極老人は、よく食事に連れて行ってくださいました。

いずれも「どうやって見つけたんだろう」と思うほど、知る人ぞ知る名店ばかり。そして、さらに驚くことに、どの店でも北極老人はその店主と仲良くなってしまうのです。

結果的に、どの店でも北極老人は特別待遇。

頼んでもいないのに、メニューに載っていない特別な料理が出てきたり。

シェフとまるで友だちのように仲が良く、食事のあとに何時間も話がはずんだり。

ただ料亭やレストランに食べに行っただけで、どうして店主とそんなに仲良くなれるのだろうと、不思議でなりませんでした。

その秘密が、共に過ごす中で、だんだんわかってきました。

たとえば、北極老人は心から応援したいと思えるような店を見つけたときは、とにかく気前良く注文されます。

ある日、いつも懇意《こんい》にしていたパン屋を訪れたときのこと。着いたのは閉店間際。けれど客足が良くなかったのか、たくさん売れ残っていました。

そのまま閉店を迎えたら、手間暇かけて作ったパンは廃棄するほかありません。それを見た北極老人は、迷わず「これ、全部ください」と、残ったパンをすべて買われたのです。店主は「え、全部ですか⁉」と驚きつつも、すごく感謝されていました。

さらに、そうして買ってきたパンは、当然、ご夫妻だけでは食べきれませんから、塾の生徒たちに振る舞われました。

そして、そのパン屋との出会いから、パンへのこだわりまで、たくさんのストーリーを語ってくださるのです。すると、その場にいたみんなも、すっかりその店のファンに。

そうして、また足を運ぶ人も増え、さらにご縁が深くなっていきます。

するとまた、「実はこんないい店があってね」「この人にぜひ会ってほしい」と誰かが紹介してくれる。

ご縁を大切にすれば、ご縁がご縁を呼び、次々につながっていくのだと知りました。

自分にとってメリットがある人とだけ付き合う。好きな相手とだけ関わる。ほとんどの人が無意識のうちにしていることです。でも、そうやって自ら線引きをしていると、その向こう側につながっている、数々の出会いのチャンスを失ってしまいます。

「知り合いの、また知り合いの、そのまた知り合いの……と、たどっていくと、6人目で、世界中のどんな人とでもつながることができる」という有名な話があります。

わかりやすく言えば、**あなたの目の前にいるたった1人の人の背後には、何万人、何億人へとつながる、果てしない出会いの糸が広がっている、**ということです。

何色の糸とつながるのかは、自分次第。
熱い情熱を持っていれば、燃えるような赤い糸。
嘘偽りのない純粋な気持ちなら、まっさらな白い糸。
人を利用してやろうという腹黒い心は、黒い糸。

似た者どうしが、引き寄せ合います。

つまり、あなたの心のあり方が、次の出会いを決めているのです。


今、あなたの前にある1つ1つのご縁が、いかに尊いものか。

その重みを、臨場感を持って感じてみてください。

あなたが未来に出会う〝誰か〟との関係は、今すでに出会っている人との関係に、そのまま現れています。未来に出会いの種をまくのは、いつも〝今〟なのです。

あなたが縁を切るべき人

ある時期から、ネットやＳＮＳで、

「人間関係に恵まれるために、こういう人とは今すぐ縁を切るべき！」

「幸せになるために、あなたが縁を切るべき人の特徴○選！」

といった話が、まことしやかに囁《ささや》かれるようになりました。

私も、たまに聞かれることがあります。

あなたが縁を切るべき人は、どんな人なのか？

結論から言いましょう。


縁を切るべき人なんて、断じて〝いません〟。

これは、声を大にして言いたいことです。

なぜ、誰とも縁を切ってはいけないのか？

まず、考えてみてください。あなたの身近に「誰と縁を切ったら、もっと人生良くなるかな～」なんて考えている人がいれば、どう思いますか？　誰だって、そんな人とは付き合いたくないでしょう。

「因果《いんが》の法則」というものがあります。

簡単に言うと、「自分の行いは、いずれなんらかの形で自分に返ってくる」という法則のこと。つまり、もしあなたが自分の都合で誰かとの縁を切れば、自分もいつか、誰かの勝手な都合によって縁を切られてしまう、ということなのです。

人とのご縁は、人生にどのように影響するかわかりません。もしかすると、自分が縁を切ってしまった「誰か」が、実は、あなたの人生のキーパーソンになるような、縁の深い人かもしれないのです。だから、そう簡単に縁を切ってはいけないのです。

私は北極老人が、自ら誰かと縁を切っている姿を、1度も見たことがありません。

「あの人とは縁を切る」なんて言葉を、聞いたこともありません。

私自身も、そんな師匠の背中を見て育っていますので、誰かと縁を切るなんてことは、絶対にしてはいけないことだと考えています。

たとえ付き合いづらい人であっても、あなたの近くにいるということは、なんらかのご縁があって、意味があって、そばにいるからです。

その1人1人のご縁を切った瞬間に、その背後に広がっていたはずの、数多くの出会いの糸も切れてしまうことを意味します。

大切なのは、どんな人に対しても、相手の幸せを祈ることです。

祈ることによって発せられたエネルギーは、相手の潜在意識に届きます。

たとえ、そのときはわからなかったとしても、少しずつ、積もり積もって、相手が変わる可能性へとつながるのです。

あなたに嫌な態度を取ってくる人でも、愛情が心のコップに溜まり続け、それが溢れ出した瞬間、変わり目を迎えるものです。

〝自分は、そのコップに愛情のエネルギーを注いだ1人になれればいい〟

そのような気持ちでいられたら、あなたは光の存在となって、周りを元気にする人になります。そういう人は、必ず良いご縁に恵まれるものです。

時には、損をすることだってあるでしょう。

期待が外れたり、裏切られることもあります。

しかし、あなたが注いだエネルギーは、巡《めぐ》り巡って、どこかから必ず「良きご縁」となって還《かえ》ってくるのです。

◆すべてとつながっている感覚を思い出す

塾生時代、私には、密《ひそ》かな楽しみがありました。

勉強の合間に、北極老人の奥様が淹《い》れてくださる、とびきり美味《おい》しい紅茶です。

身も心もゆるむ、香り高いストレートティー。

疲れて甘いものが欲しいときは、ロイヤルミルクティー。

カゼ気味のときは、しょうが入りのフレーバーティー。

言葉を交わさずとも、心の内を読まれているかのように、そのときにぴったりの紅茶を淹れてくださるのです。豊かな余韻《よいん》が心地良く、まるで天国の飲み物のようでした。

あるとき、思わず北極老人に尋ねました。

「奥様が淹れる紅茶、ほんと美味しいですよね。

どうやったら、こんな紅茶が淹れられるんですか?」

北極老人は微笑《ほほえ》みながらうなずき、こうおっしゃいました。

「そうだね。技術論はさておき……。

大事なのは、すべてのつながりを感じることさ」

「すべてのつながり、ですか？」

意外な答えにキョトンとする私に、北極老人は続けました。

「想像してごらん。

この茶葉が、ここに届くまでに、どれほど多くの人の手を介してきたのかを。

配達員さん。

販売店の店員さん。

茶摘《つ》みの少女。

そして、１本の茶の木に行き着く。

さらに、さかのぼれば、１粒の種《たね》にたどり着き、
その種をもたらした風、雨、鳥、動物、虫たち、
しまいには、バクテリアにまでつながる」

予想外なお話に、私は、はーっと口を開けて聞き入りました。
続けて……、

「茶葉だけじゃない。

妻が淹れている１杯の紅茶には、水道も、電気も、ティーカップも、ミルクも、

砂糖も、タオルも、同様に、ものすごい数の人や、生き物や、自然が、関わっているんだよ。

そういったことを、日常のさまざまな場面で、朝な夕な感じながら生きる。

そのすべてのつながりを感じながら紅茶を淹れると、自然と、飲む人の心をスーッと平安にする紅茶になるんだ」

北極老人と奥様は、なんて壮大な世界を見ておられるのだろう……。思わず、ため息がもれました。そして気づけば、まるでその1杯の紅茶との出会いを祝福するような気持ちになっている自分がいたのです。

たった1杯の紅茶ですら、数えきれないほどのご縁の糸に支えられている。

その糸が1本でも切れていたら、この1杯には出会えなかったかもしれない。

何げない日常の1コマですら、奇跡的な出会いの連続なのです。

お二人が、お互いのことを大切にするだけでなく、関わるすべての〝ご縁〟を大切にされていた理由が、少しわかったような気がしました。

同時に、今まで、自分の見ていた世界が、いかに狭かったかということも。

「キミも同じ。
キミは、キミ自身だけで存在していない。
必ず、キミ以外の周りのものとの関係性によって、生かされているんだ」

この世のものは、何ひとつ実体がなくて、すべては関係性によって成り立っている。

この考え方を、仏教では〝縁起《えんぎ》〟と呼びます。

私たち人間は、確固たる〝私〟というものが存在すると思っています。

けれど、先ほどの茶葉と同じように、今の〝あなた〟も、無数の関係性によって支えられた、大きなネットワークの一部を担っている存在といえます。

たとえば、あなたは2人の両親から生まれました。
あなたの両親もまた、それぞれ2人の両親（あなたの祖父母）から生まれた。
ということは、その時点で4人の祖父母がいます。
もう一代さかのぼると、合わせて8人の曽祖父母《そうそふぼ》がいる。

父の、父の、父の……、
母の、母の、母の……、
と一代さかのぼるごとに、そこには倍、倍のご先祖様がいたということです。

十代さかのぼると、その人数は単純計算で1024人にもなります。

そう考えてみると、数えきれないほど多くの人々の命が、あなたの血の中に記憶を残し、その歴史がDNAに刻まれているのです。

人類発祥《じんるいはっしょう》から、その果てしないバトンリレーが続いてきました。

もしも、その中の1人でも欠けていれば、あなたは存在しなかったということ。

あなたのおばあさんが、たまたま違う男の人に恋をしていたら……。

ほんの少し、たった1日でもボタンの掛け違いがあったら、もう今のあなたはいないのです。

さらに両親だけではなく、あなたの性格も、考え方も、たえず周りから影響を受けています。

たまたま耳に入ってきた言葉、
手に取った本、
街で見た風景……、
そして何より、周りの人との人間関係によって、心は作られていきます。

こうしてみると、**全人類、いや、全生命は時空《じくう》を超えて、つながっている**ことが理解できるでしょう。

その巨大なネットワークこそが、〝縁起〟です。
独立して存在するものは何1つなく、すべてはつながっているのです。
言い換えれば、真に独りぼっちの人なんかいない、といえます。

ですから、〝縁起〟を悟った人は、このように考えます。

私と、今日たまたま出会う人の人生は、その根底でつながっている……と。

友だちのロックバンドの下手な演奏と、バッハ、ヘンデル、モーツァルトといった天才たちの血と汗は、つながっている……と。

今日、かの国で餓死《がし》した少年の人生と、

何不自由なく日本で暮らしている私たちの人生は、つながっている……と。

そのつながりをリアルに感じられたとき、やっと気づくのです。

〝私は、独りぼっちじゃない〟

そう気づいたとき、飾り立てたり、いい格好をしたりせず、あるがままでいられるようになるのです。

最高の出会いにつながる4つの道《ルート》

縁起のネットワークに深くつながる人ほど、出会いに恵まれるようになります。すべての人や、生き物や、自然の命は、巨大で複雑に絡み合った関係性のネットワークの中で生かされています。

ネットワーク（network）とは、網（＝ネット）＋働きかけ（＝ワーク）という意味ですが、私はこれを、地球規模で繰り広げられる、クモの巣状につながった全生命どうしの、無意識の助け合いのことだと考えます。

そのつながりの1本1本の糸は、全人類（全生命）のハートからハートへと連《つら》なる、いわば生命エネルギーのパイプです。

地球上には、独りぼっちの人や赤の他人は、1人も存在しません。すべての人と人は、この生命エネルギーのパイプでつながっているからです。

そのつながりをリアルに感じたとき、周囲にはもちろんのこと、全生命に対しても、「生かし、生かされている」という気づき、悟り、奉仕、誇《ほこ》り、歓《よろこ》びに満ちていきます。

すると、全生命とのつながり（パイプ）を通して、流れ込んでくる生命エネルギーも、当然強くなります。

そのエネルギーが、良い出会いとなって現象化するのです。

では、縁起のネットワークにつながり、運命の人と出会うためには、具体的にはどうしたらいいのでしょうか？

そのためには、〝4つの道《ルート》〟があると、北極老人から教わりました。

1　心と体を整える　清浄《せいじょう》の道
2　無私の心に至る　奉仕《ほうし》の道
3　自分の心を見つめる　内省《ないせい》の道
4　純粋な気持ちで生きる　愛と見神《けんしん》の道

これらはヨーガの伝統的な修行法を、私たち日本人が日常に取り入れやすいように進化させたものです。

ヨーガというと、今では単なるエクササイズを連想される方が多いでしょう。しかし、本来のヨーガは、人が精神と肉体を統一し、最終的に真理を悟ることを目的とした修行の道のことでした。

この4つの道を歩むことで、あなたの中に眠っていた直感が目覚め、運命の人とのご縁がたぐり寄せられて、そこにつながることができるようになります。

この4つの道から、どれか1つのみを選んで行うのではなく、4つすべてを日常生活や仕事に取り入れ、実践していくのがお勧めです。

ただし、人によって得意・不得意がありますので、自分がやりやすいものから始めてみてください。どの道から入っても、続けていくうちに、ほかの道もできるようになっていきます。

この4つの道を歩んだ先に、あなたが思い描いている理想の相手、理想の人生をも超えるような、新しい出会いが待っています。

それでは、1つずつ順に紹介していきます。

第2章

心と体を整える／清浄の道

生き様《ざま》は空気に表れる

どんな人と出会い、結ばれるか。

最終的にそれを決めるのは、あなたが醸《かも》し出す〝空気〟です。

一般的に、いい人に出会いたければ、

「それに見合う自分になれるように、自分磨きをしましょう」

というのがセオリーとして語られます。

でも多くの場合、そこで語られているのは、外見（ファッション、メイク……）とか、コミュニケーションスキルのことがほとんど。

つまり、いかに〝自分を良く見せるか〟に終始しているのです。それ自体がダメだ、とは言いません。もちろん、自分を高める努力は必要でしょう。

しかし、自分の発する〝空気〟が変わっていなければ、結局のところ、新しいご縁が結ばれることはないのです。


空気は、ウソをつきません。


笑顔で取り繕《つくろ》っても、心に抱えた暗さ、重さ、冷たさは空気に表れます。たとえ黙っていても、明るさ、軽さ、温かさは空気で相手に伝わります。

そして、良くも悪くも、その空気に応じたご縁とつながっていくのです。

それを実感した、あるエピソードがあります。

北極老人の弟子として、「白金ゆにわ」（Teas Üniwa《ティーズユニワ》 白金＆斎庭《ゆにわ》 Salon de thé《サロン・ド・テ》）に立つ坂井くん。今ではホールスタッフとして活躍していますが、浪人生のときは、本当にうだつが上がらず、ダメダメでした。

いつも冴《さ》えない顔で、勉強にはまったく身が入らず、ダラダラと多浪していたのです。

そんな彼に、北極老人はおっしゃいました。

「なんのために大学に行くのか、そんなことに頭を悩ませるよりも、はるかに大事なことがある。それは、自分自身のことを、ちゃんと知ることだよ」

「自分自身のことを知ること……？」

坂井くんは、わかったような、わからないような表情を浮かべました。

そんな彼に、北極老人は、ある提案をします。

「自分自身とは何か？
それは、キミが発している〝空気〟に全部、表れている。
その空気には、キミの思考、感情、印象、気持ちのすべてが含まれているんだ。
それを実感するために、簡単な実験をしてみようか」

そうお話しになるやいなや、隣のコンビニで1本300円のお酒を買ってこられたのです。いったい何が始まるのかと、坂井くんはドキドキしていました。

伝説の占い師であり、かつ、稀代《きだい》の風水師でもあった北極老人は、数々の秘法をマスターされているのですが、その1つに「ウツしの法」というものがあります。

人の放つ〝空気〟（思考、感情、印象、気持ち）を、水やお酒にウツすことができるというもの。

〃空気〃がウツると、お酒の味と香りは、まったく別のものに変わってしまうのです。

ウツしの法は、人の〃空気〃だけでなく、神社の〃空気〃もウツすことができます。神社の〃空気〃は、通常、神気《しんき》と呼ばれています。

「まずは、何もしていないお酒を、一口飲んでごらん」

「うわ、からい！　まぁ、安いお酒だから、こんなもんですよね」

「じゃあ、今から、キミが発している〃空気〃を、このお酒にウツしてみるとしよう」

そう言うと北極老人は、坂井くんの目の前にお酒を置いて、数秒間、静かに待ちました。

「よし、ウッった。飲んでごらん」

「えっ、何かやったんですか？」

そう言いながら、恐る恐る飲んでみると、どうでしょう。

もともと安いお酒ですが、そのときは、なんと、ドブ川のようなひどい臭《にお》いがしたのです。

「うわー、くさぁー。まずい……」と、声を上げたちょうどその瞬間です。

塾の外で、遠くのほうから近づいてきたバイクが、突然、大きな音を立てます。

『ブンブブーン、ギイン！　バシャーン！』

塾のベランダから外を見てみると、バイクが1台、転倒していました。

運転手は、すぐに立ち上がり、バイクを起こして走り去っていきました。

無事で何よりだと、ほっと一安心でしたが、坂井くんが室内に戻ると、北極老人はおっしゃいました。

「あれは、干渉《かんしょう》かもね」

干渉とは、2つ以上の波が重なって、お互いに強め合う現象のことです。

荒々しい運転をしていたバイクの運転手は、心模様も荒れていたのでしょう。その空気の波動が、坂井くんの発していたネガティブな〝空気〟の波動と干渉し合うことで引きつけ合い、エネルギーが増幅し、現象化した事故だったのかもしれません。

「キミの人生、新しい出会い、目の前の現実は、キミが発している〝空気〟に

よって作られていく。だから、現実を変えるくらい、心を、明るく、温かく、軽くしていくことが最も大切なんだよ」

ネガティブな思いを持っているだけで、知らず知らずのうちに、悪い出来事を引き寄せていたなんて……。坂井くんは、目が覚めたようにハッとしていました。

「自分が悩んでいることは、自分だけの問題だと思っていました……。でも、違ったんですね。こんな自分は嫌です。変わりたいです！」

いつになく真剣な坂井くんに、北極老人は聞きました。

「では、たとえば、キミの好きな神社は？」

「え……、石清水八幡宮《いわしみずはちまんぐう》です」

「そうかい。じゃあ、今度は、石清水八幡宮の〝空気〟を、このお酒にウツしてみようか」

そうおっしゃると、北極老人は一瞬目を閉じて、静かにお酒の上に手をかざしました。

そうすると、その場の重くてどんよりした〝空気〟が、みるみるうちに、清々《すがすが》しい〝空気〟に変わっていったのです。

「さぁ、飲んでごらん」

さっきまで悪臭を放ち、泥水みたいだったお酒が、芳醇《ほうじゅん》な香りを放ち、どこかしらキラキラ輝いているではありませんか。

一口だけ、ゆっくりと口に含むと……。

口の中いっぱいに、スッキリとした旨味《うま》が広がり、今までに経験したことがない、不思議な感覚に包まれました。

坂井くんは、思わず、「うわぁ！」と声を上げます。

「違いが、わかるかい？」

「ぜんぜん違います。さっきのはひどかったです。今は、目の前がパーッと明るくなって、幸せな気持ちになりました。僕もこのお酒のような空気の人になりたいです！」

どうすれば、神社の神様のごとき人になれるのでしょうか？

そのためには、まず、自分はどんな人間なのかを徹底的に知ることです。

明るくて、優しい自分。ズルくて、みっともない自分。誰かのために、一生懸命になれる自分。つい逃げてしまう、言い訳上手な自分。

いい面も、そうでない面も、全部ひっくるめて、まるごと知ることです。

その上で、神社に祀《まつ》られている神様のごとき人物を目指すなら、たとえば、

「優しくて、頭が良くて、勇敢《ゆうかん》で、包容力があって……」

と、いちいち言語化するのではなく、ウツしの法のように、神社の清々しい〝空気〟をまるごと感じて、こういう〝空気〟を発する人物になりたいという思いを、

「私は〝女神（男神《おがみ》）〟です」

「私は、今この〝空気〟を発している」

というセリフに変換するのです。

あえて言葉にせず、ただその空気と一体になっている自分をイメージする。そのほうが意識の深いところ（潜在意識）に入りやすく、より高い感覚へと、一気にジャンプすることができます。

もちろん、〝空気〟をウツすのは、誰もができる芸当ではありませんが、実際に、神社に参拝して、〝空気〟を感じることなら誰にでもできます。

お気に入りの神社が見つかったら、ぜひ何度も参拝して、〝空気〟を体で覚えましょう。

また、もしもあなたが、お酒やワインが好きなら、最高のお酒やワインの味と香りを思い浮かべ、そのときの感覚を神様の〝空気〟に見立てて、

「私は〝女神（男神）〟です」

「私は、今この〝空気〟を発している」

と言ってみるのもアリです。

余談ですが、かつて北極老人は、1本300円の安物のワインに、キクリヒメという女神の〝空気〟をウツしてくださったことがあります。

それは、私が今まで飲んだことのある、1本数万円の高価なワインよりも、はるかに美味しいワインでした。

◆あるがままの自分に戻る「浄化の習慣」

私たちの日常の中には、2つの相反《あいはん》する〝気〟というものがあります。

それが、人の雰囲気として表れたり、あるときはお酒にウツったり、場所、料理、声、文章などにも表れます。

私たちはそれを、

正（＋）の気　神気《しんき》
反（－）の気　邪気《じゃき》

と呼んでいます。

〝邪気〟とは、腐らせるネガティブなエネルギーのこと。それによって、人も、すべての生物も、酸化、老化、分離、腐敗、消滅していきます。

〝神気〟とは、蘇《よみがえ》らせるポジティブなエネルギーのこと。それによって、還元、清浄化、統合、生成、発展、繁栄していきます。

すなわち、

邪気が、不運の原因であり、
神気が、幸運の源泉なのです。

車は、ブレーキをかけたままでは、いくらアクセルを踏んでも、前に進めません。それは出会いの道も同じことです。不運の原因である邪気がたくさんある限り、必死に努力したとしても、良いご縁にはつながりにくいのです。

邪気とは、不安、不満、不信、心配、否定、批判、嫉妬《しっと》……などのマイナスの思考や感情、言葉や行動から生まれるエネルギーです。

邪気は、自分自身の頭や心の中から発生しますが、他人からも簡単に感染《うつ》ってきます。

どんな人も、知らず知らずのうちに、大量の邪気を浴びているのです。

たとえば、グチや不満をこぼす人が多い場所にいたとします。
すると、その場には、グチや不満のエネルギーが、たくさん残ります。それはまるで、タバコの煙のように、空気中をぷかぷかと漂《ただよ》い、気がつけば、衣服にタバコの臭いが染《し》みつくようなイメージです。
グチや不満がなくても、その邪気に触れると、感染・感応して、グチや不満を言いたくなってしまうのです。

ほかにも、暗いニュースを見ただけでも、
イライラした人が座っていたイスに座るだけでも、
誰かの悪口や噂話を聞くだけでも、
簡単に感染してしまいます。

すると、将来に対して漠然とした不安を感じたり、
無性《むしょう》にイライラして誰かに当たってしまったり、

急に食欲が湧いてきてお菓子やジャンクフードを食べ散らかしたり、
突然やる気がなくなって何もしたくなくなったり、
どっと疲れて体が重くなったり、
やたらと眠くなったり、
など、さまざまに支障をきたします。

そして、いつの間にか、あらゆる感性が鈍感になっていくのです。

それは、本来のあなたではありません。
「私はこういう性格」だと思っている自分像（セルフイメージ）も、実は、単に周りから邪気を受けて作られただけの、ニセモノの自分であることが多いのです。

本来、あるがままの自分であれば、誰もが、周りを幸せにする清らかな空気を発するものなのです。

あなた本来の清らかな空気を取り戻すには、次の2つが大切になります。


1つ目は、自分の心と体から邪気を追い出すこと。

2つ目は、神気に満たされること。


それが「清浄《せいじょう》の道」です。

はじめにやることは、邪気を避けること。


たとえば……。

ホラー映画、ネガティブなニュースや報道、文句や攻撃的なコメントばかりのSNSなどは、できるだけ避けること。

哀しい歌、激しい音楽、ゴシップなどの噂話は聞かないこと。

心霊スポット、ギャンブル場、汚く臭い場所には行かないこと。

気持ちが悪い、違和感がある、心地良くない、不快になるような邪気を含む、人・モノ・場所から遠ざかることです。

その次は「浄化の習慣《クリアリング》」を身につけること。

浄化とは、受けた邪気をリセットし、心と体をクリアにすること。浄化の習慣があるだけで、出会いの直感は開かれていきます。

邪気を祓う「水の浄化法」

邪気は、「水」と「火」で浄化することができます。

たとえば、神社のお手水《ちょうず》も、水を使った浄化の儀式の1つです。神様に会う前に水で心身を清めているのです。

◆手洗い

外から帰ったときや食事の前の手洗いは誰でもやっていると思いますが、そのときに神社でお手水をするような気持ちで、儀式のように行ってみてください。物理的な汚れだけでなく、手に付いた邪気も清めることができます。

手を洗い、拭き終わったあと、手に残った邪気を払うようなイメージで、片方の手で、反対側の腕を肩から指先まで撫《な》でて邪気を追い出すと、さらに効果的です。

このとき、直接、肌に触れた状態で撫でると、体の邪気が祓《はら》われます。

また、鬱積《うっせき》した感情をクリアにしたい場合は、体の周りをゼリー状の層が覆っているとイメージして、その層（皮膚から20～30センチくらい離れたところ）を撫《な》でるようにすると、感情の邪気が取り除かれます。

体から出た邪気が空間に残らないよう、換気をしながら行いましょう。

◆鼻うがい

水を使った浄化の中でも、最も効果がある浄化法が「鼻うがい」です。

もともとはヨーガの伝統的な行法《ぎょうほう》の1つで、鼻から生理食塩水を吸って、口から吐き出し、鼻の奥（鼻腔《びくう》）をきれいにします。

実は、鼻の奥は、全身のチャクラエネルギーが集まるスポットといわれ、鼻うがいをすることで、全身の感覚が研ぎ澄まされていくのです。


私の鑑定に来られた方にも、必ず「鼻うがい」をお勧めしています。

やり始めた方に聞いてみると、

「そういえば最近、落ち込まなくなりました」

「毎日、スッキリ眠れるようになりました」

「感覚が敏感になりました」

など、多くの方が、鼻うがいの効果を実感されています。


鼻うがいに使う塩水は、涙と同じくらいの塩分濃度（0・8～0・9パーセント）

に調整し、体温（36・5度）と同じくらいのぬるま湯にしてください。鼻がツーンとなりそうだと思われるかもしれませんが、まったく痛みはありません。むしろ、とても気持ちいいので、ぜひ試してみてください。

鼻うがいの具体的な方法をご紹介しましょう。

【用意するもの】

・水2リットル（水道水は避け、浄水器を通した水、またはミネラルウォーター）
・天然塩（工業精製塩はNG。お勧めは、キパワーソルト、真生塩《しんせいえん》、氣高塩《きこうえん》。
いずれも「ゆにわマート」で取り扱っています）
・ボウル（道具はすべて、鼻うがい専用を準備してください）

【手順】

① ２リットルの浄水を、体温と同じ37度前後まで温めてボウルに入れます。

② お湯1リットルあたり、塩9グラムを入れ、よく溶かします。

③ 前傾姿勢になり、片鼻を指でふさぎ、反対の鼻を食塩水につけて、鼻から吸い上げ、口から吐きます。それを片鼻1リットルずつ行ってください。

1. 片鼻をふさぎ、反対の鼻から食塩水を吸い上げる

2. 吸い上げた食塩水を口から吐き出す

④　鼻うがい終了後は、鼻腔に食塩水が残っています。前屈して頭を前に倒した状態で、頭を左右に振りながら、片鼻ずつよく鼻をかんで、食塩水を出しきります。

⑤　使い終わったボウルはきれいに洗い、アルコールなどで消毒してから保管しましょう。

【注意点】

最初、慣れないうちは、コップ1杯ほどの少量から始め、徐々に量を増やしていきましょう。1日1回でも十分に効果はありますが、朝と晩の計2回行うとより効果的です。

アレルギーや花粉症などで鼻づまりが激しく、食塩水を吸い込みにくいときには、どちらか片方の鼻を通すところから始めてみてください。

はじめは抵抗があるかもしれませんが、一度やり始めると、「家に帰ってきたら、まず鼻うがいをしないと気持ち悪い！」と思えるほどの習慣になるはずです。

鼻うがいを継続させるポイントがあります。

疲れて家に帰ってきて、「今日はめんどくさいなぁ」「今日ぐらいやらなくていっか」と思うときほど、むしろ入念に鼻うがいをすることです。なぜなら、やりたくないときほど、より強く邪気の影響を受けているものだからです。

私は、毎日鼻うがいを最低2リットルやっていますが、コップ1杯の少量の水でも、続けていけば必ず変わります。運も良くなる、まさに一生ものの浄化法です。

◆邪気を燃やす「火の瞑想法」

1日の中で見た情景、景色は、目から脳裏に焼きつきます。

電車の広告。
街中の看板や、巨大なディスプレイ。
ズラッと並んだコンビニの雑誌。
何気なく出歩くだけでも、私たちは多くのものから影響を受けています。

そこに映し出された幸せそうなイメージ写真や、うたい文句。それらに触れ続けているだけでも、「これがあれば幸せになれるのに……」と刷り込まれ、「そうなれていない自分は不幸せだ」という思い込みが形成されてしまうのです。

だからこそ必要なのは、1日の終わりに、その印象（刷り込み、思い込み）を燃やしていくこと。それが「火の瞑想法」です。

やり方は、簡単。用意するのは、ロウソク1本だけ。

目の前にロウソクを置いて火をつけ、リラックスできる楽な姿勢で座ります。

背筋をまっすぐに伸ばし、深くゆっくりと呼吸しながら、吸う息と吐く息を意識します。

次に、ロウソクの炎がゆらゆら揺れているのを、ぼーっと眺めます。

ロウソクの炎が眉間《みけん》を通って、スーッと頭の中に入り込み、脳内で燃えているところを想像します。

脳内でゆれる炎によって、頭の中にある「思考の乱れ（ネガティブな記憶、悩み、葛藤、心配事……）」が、次々に燃やされていきます。

脳内はクリアになり、光でいっぱいに満たされていきます。

次に、脳内にある炎を、ハート（胸の中心）に向かって、ゆっくりと下ろしていきます。

心に到着した炎は、心の中にある「感情の鬱積《うっせき》（ネガティブな印象、恨み、嫉妬、怒り、不満、不安、イライラ……）」を、次々に燃やしていきます。

すると、心は明るく、軽くなっていき、光輝いていく。

頭と心が光で満たされたら、その光を全身の隅々《すみずみ》まで広げましょう。

そして、内なる光が体外へと溢れ出し、自分の周りが光で包まれていきます。

その光の輪は、どこまでも大きくなり……。

大切な人、家族、友人、知人、苦手なあの人たち、まだ見ぬ人たち、命あるすべてのものも、光の中に包み込まれていきます。

やがて、その光は、全世界へと広がっていきます。

そして、光に包まれた世界の中心に、自分がいることを感じます。

ここまでイメージできたなら、ゆっくりと目を開けます。

そこには、あらゆる囚《とら》われから解放され、静寂《せいじゃく》な心に包まれたあなたがいるはずです。

◆幸運の源〝神気〟に満たされる

浄化をして清らかになるほど、神気に満たされやすくなります。

神気に満ちている人ほど、

・心も体もどんどん美しく、健康的になれる
・欲しいと思ったものは手に入り、裕福な生活ができる
・周りから信頼され、愛される
・才能が目覚め、みんなから慕われる
・運命の人や、良い仲間と出会うことができる
・幸せな結婚をし、末長く円満な家庭を築くことができる

そんな充実した人生へと導かれます。

生まれたての赤ちゃんは、神気に満たされています。
赤ちゃんを見ているだけで、幸せな気持ちになるのは、その神気を感じているからです。
人は、年を重ねるごとに神気が減っていき、ゼロになったときに旅立っていくといわれています。

人類は昔から、この神気をいかに浪費せず、増やすことができるかを研究し、さまざまな方法を取り入れてきました。

たとえば、そのエネルギーのことを……、
錬金術では、〝賢者《けんじゃ》の石〟と呼び、聖なる秘法によって生み出してきました。
東洋の占いでは、〝祐気《ゆうき》〟と呼び、天空や大地から吸収してきました。

ヨーガでは、〝プラーナ〟と呼び、さまざまな行法を通じて取り入れてきました。
そして神道では、神社参拝をすることでいただいてきたのです。
特別なことのように感じるでしょうか？
いいえ、ちょっとした意識次第で、神気は日常の中で貯めていくことができます。

音で心と体を整える

神気を貯める方法はいろいろありますが、まず基本は、エネルギーの高い場で過ごすことです。

たとえば、神社は神気に満ちていて、行くだけで出会い運が良くなる場所の代表例です。その清らかな空気は、さまざまな要素によって生み出されています。

中でも、欠かせない要素が〝音〟です。

玉砂利《たまじゃり》を踏みしめて歩く音。

お手水の水が流れる涼しげな音。

シャン、シャンと、鈴を鳴らす音。

神社特有の、笛や太鼓を使った雅楽《ががく》の音色。

まさに、「神道《しんとう》」という言葉には「振動《しんどう》」という意味が隠されており、音の響きによって、あの神聖な空気を作っているのです。

ですから、日常においても、いかにいい音を体に響かせるかが大切です。

どんな音が体にいいのかというと、それは〝呼吸が深くなる音〟です。

たとえば、自然の豊かな山奥で、ぼーっと小鳥の声や川のせせらぎを聞いていたら、それだけでリラックスして、呼吸が深くなっていき、心まで凝《こ》り固まっていたことに気がついた……。そんな経験はありませんか？

音の正体は振動ですから、人間は耳だけでなく、全身で音を聞いています。

美しい自然が奏《かな》でる音の響きは、人の体を整えて、神気で満たしてくれるのです。

都会の中にいたとしても、自分の振動が、乱れてきた、荒くなってきたと感じたら、すっと耳を澄ませて、自然の音を聞くようにしてみてください。

たとえ微《かす》かな音でも、そこに意識をフォーカスすることで、ちゃんとそのエネルギーをいただくことができます。

自宅やオフィスでは、できるだけ良いオーディオで、環境音楽を流しておくのがお勧めです。

北極老人の書斎には、神々《こうごう》しさすら感じるような、立派なスピーカーが鎮座《ちんざ》していて、留守中もたえず美しい音楽が流れています。

「なぜ、人がいないときも音楽を流しているんですか?」と尋ねると、このようにおっしゃっていました。

「音を、〝空間〟に、聞かせているんだよ。机も、床も、植物も、書棚《しょだな》に並ぶ本たちも、音で育つからね。空間が育つと、たまたま手に取った本が、今まさに欲しかった情報を教えてくれたり、いるだけで閃《ひらめ》きが湧いてきたり。そんな奇跡が当たり前のように起こるようになるよ」

実際に、北極老人の書斎は、由緒《ゆいしょ》ある神社の空気に勝るとも劣らないほど静謐《せいひつ》で、その空気に浸っているだけで、神気に満たされるような感覚になります。

ちなみに北極老人は、
塾の自習室なら、頭が良くなる音を、
飲食店のホールなら、ごはんが美味しくなる音を、

休憩室なら、心身ともに癒やされる音を、
といったように、空間の役割に合わせて音を選んでおられます。

どなたでも応用できる方法としては、環境音楽を流す際に、水の音なら、空間の邪気を流してくれる音に見立て、火がパチパチと燃える音なら、煩悩を焼き尽くしてくれる音に見立て、爽《さわ》やかな風の音なら、閃きや幸運を運んでくれる音に見立て、その音に〝役割〟を持たせて流しておくといいでしょう。

オーディオは、できるだけ質の良いものが理想ですが、選ぶのも難しいですし、こだわるとキリがない世界です。

北極老人が求める音を再現しようと思ったら、それこそ高級車が買えるくらいの価格帯になってしまうので、以前はお勧めできるものがありませんでした。

ところが、とある天才音楽プロデューサーとの奇跡的な出会いをきっかけに、北極老人監修のもと、私たちの会社で理想のスピーカーを開発するに至りました。

それが、〝空気〟まで再現するスピーカー『SIRIUS《シリウス》』です。

リアルできれいな音が出るスピーカーは数あれど、歌手や演奏者が、そこにいるような空気を再現するスピーカーは、めったにありません。

私の鑑定室でも使っていますが、部屋に入っただけで、「悩んでいた気持ちが軽くなりました」と驚かれる方もいるくらいです。

『SIRIUS』と合わせて使っていただきたい音楽が『UNIWAVE《ユニウェーブ》～伊勢神宮～』です。これは単なる環境音楽ではなく、伊勢神宮の神気を、音の波動によって再現する特殊な音源。

自宅にいながらにして、毎日、伊勢参拝しているかのようなエネルギーを感じていただけるでしょう。

※『SIRIUS』『UNIWAVE～伊勢神宮～』は、ゆにわマートオンラインでお求めいただけます。
https://www.uniwa-mart.com/

【読者様限定　特典ページ】

本書でご紹介した浄化法は、特設ページにて動画でも解説しています。

こちらのＱＲコードからぜひご覧ください。

特設ページ▼

https://hokkyoku-ryu.com/campaign/deai/

第3章

無私の心に至る／奉仕の道

◆なぜ夢を叶えても幸せになれない人がいるのか？

良い出会いを果たすには、まずあなた自身が「こんな人に会いたい！」と思われるような幸せな人になることが大切です。

世の中には、「夢を叶える方法」「お金持ちになるノウハウ」「幸せになるステップ」など、幸せで豊かになるための本やセミナーがたくさんあります。

ところが、学んだ通り忠実に、まじめに努力をするにもかかわらず……、

「夢を叶えたはずなのに、人間関係はボロボロ……」
「欲しいものを全部手に入れても、虚《むな》しいだけだった」
「目標は達成したけど、心から信じられる人は誰もいない」

そんな残念な声が、あとを絶《た》ちません。

なぜ、本当に幸せになれる人は少ないのでしょうか？
それには、２つの原因があります。
1つ目は、神気の不足。
2つ目は、欲望の増長《ぞうちょう》です。

神気がなければ、お金や成功を手に入れても、幸せにはなれません。これは前章でもお伝えした通りです。

それに加えて、いくら神気があったとしても、欲望がどんどん大きくなっていけば、相対的に、感じる幸せは小さくなってしまうのです。

人の欲望は、キリがありません。

たとえば、はじめはありがたく感じていた30万円のボーナスが、次第に足りないように感じ始め、ありがたみがなくなっていく。もっと、もっとと求め出す。

素敵な人と出会って、毎日がバラ色だったはずなのに、いつの間にか一緒にいることが当たり前になり、要求水準がどんどん高まって、文句ばかり言うようになる。

そんな話は世の中に溢《あふ》れています。

ですから、本当の幸せを手に入れるには、欲から離れなくてはならないのです。

「私を認めて」という承認欲求。

「私のものにしたい」という支配欲、独占欲。

これらを手放して、離欲《りよく》（ヴァイラーギャ）するからこそ、幸せな出会いがやってくるのです。

では、どうすれば欲望をコントロールできるようになるのか？

そのための最短ルートは、誰かの幸せのために、〝無私の心〟で懸命に働くことです。

これが「奉仕の道」です。

無私の心とは、相手から言われるがまま、奴隷《どれい》のように従うことではありません。

結果や評価を求めず、「ありがたく、させていただきます」という気持ちで、人様の喜びを我がことのように感じ、純粋に働くことです。

ヨーガの修行においては、これを「カルマ・ヨーガ」といいます。

ただ、修行といっても、特別なことをする必要はありません。もともと日本には、普段の仕事や家事をこなす中で、自分の心を清める文化がありますから。

「働く」という言葉も、「傍《はた》（そばにいる人）を楽《らく》にする」に由来します。

日頃の掃除、洗濯、料理、皿洗い、ルーティンワークを、ただただひたすらに、これ以上ないほど丁寧にやる。

丁寧に行えば行うほど、心の雑音《ノイズ》は消え、心は静かになっていきます。

やがては、あらゆる執着から解放され、無私の心で、働けるようになります。

すると、働くこと自体に喜びを感じられるようになるでしょう。

そのようにして、離欲の境地に達した人には、良いご縁が向こうからやってくるようになります。

ここからは、欲望をコントロールする「奉仕の道」について、具体的に語っていきます。

心の雑念《ノイズ》をなくす掃除の仕方

欲望の増長をおさえる一番の方法が掃除です。

イライラ、不安、迷い、嫉妬、妬《ねた》み、嫉《そね》み……。

そういった感情に襲われそうなときほど、黙《だま》って、丁寧に、掃除をする。

雑念が湧《わ》く暇もないくらい、一心不乱に。

ただただ、目の前を見つめながら……。


ただし、「丁寧に」とはいっても、だらだらと時間をかけることとは違います。

丁寧かつ、速く！

細部に気を配りつつ、勢い良く！

トイレ掃除なら、便座、便器の中や縁《ふち》、周辺の床。特に後ろ側が死角になっています。同じところをどんなにゴシゴシ磨いても、死角の部分に目が届かなければ、汚れのすべては落ちません。

これは、心の汚れも同じです。

工夫も気づきもないまま、ただ闇雲《やみくも》に努力するだけでは、掃除も単なる自己満足に終わります。それでは心は磨かれません。

神気を貯める掃除のポイントは、

・丁寧に、物音を立てずに、黙々と
・どうすればもっと速くなるか工夫して
・死角の発見と、掃除後の確認を徹底して
・わき目も振らず、汗をかくほど一心不乱に
・心のケガレも洗うつもりで
・神様の通り道を清めるかのように
・ご縁の糸をきれいにするように

これが秘訣です。

そして、自分の部屋だけでなく、トイレやお風呂もきれいにする。
職場など、多くの人と共有する場は、まず自分の机回りからきれいにしましょう。
それから、できる範囲で、共有スペースもきれいにしていってください。

ゴミが落ちていたら拾う。朝早く来て、ほかの人の机を拭く。エントランスや会議室の掃除をするなど。

誰かに褒《ほ》められなくても、評価されなくても、関係ありません。人から褒められたり、感謝されたりすることにモチベーションが左右されるうちは、まだまだ〝無私の心〟になりきれていないのです。見返りを求めず、淡々と行いましょう。

私自身、厳《おごそ》かな気持ちで、丁寧に掃除をしている最中に、空間に降り注ぐ光を見たことが、幾度となくありました。

気がつけば、掃除をする前に悶々《もんもん》と悩んでいたことが消え去り、心が軽くなって、晴れ渡る青空のような気持ちになっていくのです。

真の掃除をすればするほど、神気に満たされて、自分自身が元気になります。

若々しくなります。幸せになります。
そして、ある瞬間から、自分を忘れるときが訪れるのです。

夢が叶わなくても、幸せ。
欲しいものがなくても、豊か。
うまくいかなくても、感謝。

純粋に誰かを愛せるようになり、自分以外の誰かの幸せが、まるで自分のことのように嬉しいと思えるようになります。
その境地に至れば、今まで手に入らなかったものが、いつの間にか、向こうからやってくるようになります。

自分のステージに合った夢なら、勝手に叶います。
なぜかいい人ばかりと、ご縁が深まるようになっていきます。

周りの人からも大事にされ、いつも幸せでいられます。
本当の掃除とは、幸福を招き入れる、神聖な儀式なのです。

◆ご縁が結ばれる食事

意外かもしれませんが、食事への向き合い方は、あなたの出会い運を大きく左右します。

食事とは、命をいただくことです。

食事への向き合い方は、〝命〟との向き合い方そのものですから、食べることを大事にできる人は、ご縁にも自然と恵まれるのです。

ここでは、神気をいただき、出会い運を高める食べ方についてお伝えしていきます。

食事は毎日のことだからつい手抜きをしがちですが、心と体と運のエネルギーを作る源だからこそ、一番重要です。

最近は、ダイエットのためといって、食事を抜いたり、必要な栄養素さえ摂れたらそれでOK、と考える人も増えています。しかし、それでは神気不足に陥《おちい》って、心は満たされなくなってしまうでしょう。

食べ物から神気をいただくためには、〝何を食べるか〟もさることながら、〝どんな気持ちで食べるか〟が最も大切です。

私が塾生のころ、北極老人は毎日のように、塾生たちに手料理を振る舞ってくださいました。みんなで食事をしているとき、北極老人は私たちに向かって、こう問われたのです。

「この一皿には、何人の人が関わっていると思う？」

「先生と、八百屋《やおや》さんと……えっと、10人くらいですかね」と答えると、北極老人は、少なく見積もっても〝30万人〟とおっしゃったのです。

たった一皿の料理でも、その背景を感じ尽くすと、そこにはたくさんの人とのつながりを感じることができます。

農家、漁師、畜産業者、酪農家、肥料を製造している業者の方、配送会社の経営者、トラックの運転手、トラックのエンジンの開発者……。さらには、それぞれの人の家族や友人もいます。

食材に込められた愛情も然《しか》り、汗水たらして懸命に働いた人の努力、それを支えた人々……。もはや想像すらし得ない多くのご縁があって、そのうち1つでも欠けたら、その食材が手元に届くことはなかったかもしれないのです。

そうした無限のつながりをリアルに感じて食事ができたなら、今日、いただく一口のごはんも、極《きわ》めて尊く感じられるでしょう。

命をいただいているという感謝。

食材を育ててくれた人たちへの敬意。

あなたのために、その料理を作ってくれた人に対する労《ねぎら》い。

そのような気持ちを込めて、「いただきます」「ごちそうさま」を言えたら、自ずと姿勢は正されて、一口ひとくちを、丁寧に味わえるようになるはずです。

すると、縁起の糸をたどって、たくさんの神気が流れてくるのです。

ぜひ食事への向き合い方を見直して、ご縁に愛される人になりましょう。

「食」に関しては、私の仲間である「御食事ゆにわ」の店長・ちこが、『いのちのごはん』（青春出版社）などの書籍や、YouTubeで、開運するための食を伝えています。ぜひ、そちらもご覧ください。

神気が自然と貯まる生き方と働き方

これまで、日常生活の中で邪気を祓《はら》い、神気を集める方法をお伝えしてきました。これらを実践していただくだけで、確実に出会い運は高まります。

さらに、出会い運を高めるには、〝運の貯金〟をすることです。

運は、どのようなときに貯まるのか。

端的にいえば、それは自分が〝損〟をしたときです。

「損して得取れ」という言葉がありますが、正しくは「損して徳取れ」。

「あの人は徳が高い」とも言うように、『徳』とは目に見えない運の貯金のようなもので、自分が損をしてでも、人のために行動したときに貯まっていきます。

運命学においては、そうした善行のことを〝徳積み〟といいます。

徳積みのポイントは、陰ながら〝いいこと〟をすること。人前でだけいい格好をしないこと。誰かに褒められなくても、いえ、褒められないからこそ、いいことをするのです。

誰でも、実績よりも低く評価された、誤解されて悪者にされた、といった苦い経験をしたことがあるでしょう。けれど、少しくらい自分が損をしても、健気《けなげ》に人のために努力をしていたら、それがあなたの〝存在感（損在感）〟、すなわち、〝魅力〟になっていくのです。

徳積みの方法は、主に3つあります。

「体施《たいせ》」「物施《ぶっせ》」「法施《ほっせ》」です。

体を動かして人助けをするのが「体施」です。
掃除したり、荷物を運んであげたり、手間のかかる仕事を代わりにやってあげたりすることです。

物やお金を与えることで人に喜んでもらうのが「物施」です。
ただし、自分の裕福さをひけらかしたり、人を甘やかすだけの施《ほどこ》しは、むしろ逆効果になるので注意も必要です。

言葉によって人を救うのが「法施」です。
困っている人にアドバイスしたり、心に響く話をしてあげたり。釈迦《しゃか》やキリストが教えを残したのも法施。今でいうなら、セミナー、ブログ、SNS、本、YouTubeなどで、役立つ情報発信をするのもそうです。

体施、物施、法施、こうした〝いいこと〟を積極的にやっていく。
それだけでも、徳が貯まり、出会い運は良くなるでしょう。

参考までに、具体的な徳積みの例をご紹介します。

・約束や時間を守る
・自分から愛想《あいそ》よく挨拶する
・明るく元気で、笑顔を絶やさない
・人の話を最後まで聞く
・前向きで、ポジティブな言葉を使う
・代わりに物を運んであげる
・身の回りをきれいにする
・喜ばれるようなプレゼントをする
・困っている人を助ける

・人の役に立つ情報を惜しみなく共有する
・人の相談に乗り、勇気づける
・問題を発見し、自ら手を上げて解決する
・与えられた仕事を一生懸命やる
・求められた以上の仕事をする
・誰もやりたがらないことを、進んで行う
・尻拭《しりぬぐ》いをしたり、責任を取る
・街や地域のボランティア活動を行う
・部下や後輩の面倒をちゃんと見て育成する
・街起こし、地域活性化に一役買う
・使った場所は使う前よりもきれいにして出る
・子どもの世話をする
・人の幸せを心から祈る
・信仰に篤《あつ》く、神の道（神様のお手伝い）に生きるこれらはあくまでも例です。そして、どんな気持ちで行うかによって、徳が貯まる量も変わってきます。

たとえば、ボランティアをする場合でも、売名行為や自己満足のために行ったなら、徳は貯まるどころか、逆に減っていきます。

徳積みの真髄は、〝日常生活、何気ない行動、普通〟の中にあります。必ずしも、社会に出て大きな活躍をしたりすることだけが、徳積みではありません。

普段、接する人たちのことを、どれだけ大切にできたか、温かい言葉を届けたか、愛を持って接したか、そのほうがはるかに大事です。

そして実は、最高の徳積みになるのが、人と人とのご縁を結ぶことです。

誰かが困っていたら、その助けになるような人を紹介してあげる。

あなたがすごいと思う人がいたら、より多くの人をつないであげる。

出会いが欲しいという人には、新しい出会いの場を作ってあげる。

どんな形でも構いません。そのようにして、ご縁を結び続けていれば、あなたにも、新しい出会いのチャンスが必ずやってきます。

「そうは言っても、私には紹介できるような人がいない……」と思われる方もいるかもしれませんが、そういう人ほど、人と人とを積極的につないであげてください。

人脈が狭かったとしても、その気になれば、できることはたくさんあります。

たとえば、あなたの所属する会社やコミュニティに、新しく入ってきた人がいたら、上司や先輩と仲良くなれるように率先《そっせん》して面倒を見てあげる。その新人のことを面白おかしく紹介する。そこでのルールや礼儀を教えてあげる。

こうした小さな気づかいも、立派な〝ご縁結び〟といえるでしょう。

そのような徳積みを、当たり前のように続けている人には、次々と良い出会いがやってくるのです。

奉仕の道の落とし穴

奉仕の道には、ハマりやすい落とし穴があります。

それは、「行為の果実（結果）」を求めてしまうことです。

最初は「ただただ喜んでほしい」という一心でやっていても、いつの間にか、行為の見返り、評価、手応《てごた》え、達成感を求める。結果を期待してしまうのです。

見返りがなかったら、イライラする。

相手の反応が良くなかったら、リアクションを強要《きょうよう》する。

達成感がなかったら、不安になる。

結果が出なかったら、落ち込む。

期待通りにならなかったときに、がっかりしたり、怒ったりしてしまうようであれば、純粋な奉仕とはいえません。

あるとき、私のもとに相談に来た女性が、彼氏との関係がうまくいかないと嘆《なげ》かれていました。

「彼にプレゼントをしても、ぜんぜん嬉しそうじゃない」

「ごはんを作っても、あまり食べてくれない」

「もう嫌われているんじゃないか……、相性が悪いんじゃないか……」

と、肩を落とされていたのです。

ひとしきり思いの丈《たけ》を話されたあと、私は彼女にこう諭《さと》しました。

「はじめは純粋に〝喜んでもらいたい〟と思ってしていたことが、いつの間にか、いい反応を期待し、見返りを求め、〝自分が喜ぶための行為〟に変わってしまっていませんか？」と。

彼女は、ハッとした表情をして、ご自身の行動を省《かえり》みたようでした。

そのあと、もう一度、純粋な思いで彼と向き合おうとして、彼女の言動は変わっていき、彼も彼女の変化に気づいたのでしょう。

美味しそうにごはんを食べてくれるようになり、一緒にいるときは嬉しそうにしていることが多くなったそうです。

こういった話は、私の周りではよくあることです。

見返りを求めていた自分に気づき、奉仕の道に生きようと決意することで、ご主人が早く帰ってくるようになったとか、子どもが満面の笑みで、「美味しい」と言ってごはんを食べるようになったとか、そういった変化をたくさん目の当たりにしてきました。

無私の行為は、周りに良い印象を与え、自分自身の心も清らかにしてくれます。

もし、自分では奉仕しているつもりでも、心が晴れないようなら、どこか義務感でやっているか、結果に執着しているか、そのどちらかに陥っているのかもしれません。

「Have to（〜やらねば）」の義務感でやった行為は、心を曇らせます。

「Want to（〜したい）」の善意からやった行為は、心を輝かせます。

個人的な感情（善悪、損得、好き嫌い、勝ち負け）に囚われず、捧げるように生きること。それが、本来あるべき、生きとし生けるものの、最も自然な姿なのです。

この自然のすべて、山川草木《さんせんそうもく》、鳥、虫、獣《けもの》……も、すべてがほかの存在に何かを〝与えるため〟に生きています。

ロウソクが、燃えて溶けていくのは、光を与えるためです。

線香が、燃えて灰になるのは、香りを与えるためです。

樹木が、伸びて大きくなるのは、果実と花を与えるためです。

この世界には、命ある生物も、すべての物質も、自分だけのために生きているものはありません。自然のすべては〝与えるため〟に生まれ、存在しています。

それは、私たちも同じ。

与えて、与えて、与えるために生まれ、そして、今ここに生きています。

そのとき、人生はイキイキと輝きを放ち、周りに幸せをもたらします。

すべてがうまく循環し始め、恋愛も、家庭も、子育ても、仕事も、人間関係も、満たされていきます。生きがい、そして、本当の幸せを感じることができるようになるのです。

第4章

自分の心を見つめていく／内省の道

◆なぜ幸せになりたいと思うほど不幸になっていくのか

内省の道のテーマは「自分を知ること」です。

自分が本心から望んでいることはなんなのか、それを明らかにすることによって遠回りせず、最短ルートで運命の出会いを果たすことを目指すものです。

逆に、この道を知らないことによって、自らの手で、幸せを遠ざけてしまう人もいるのです。

たとえば、好きな人からアプローチされたのに、自ら距離を取ってしまったり、わざと関係を壊すようなことをして、相手の気持ちを試したり、自信のなさから、好きでもない人と付き合ってしまったり。

「幸せになりたい」と思っているはずなのに良いご縁をこわすような言動をしてしまうのです。

わざわざ自分から不幸を選んでしまうのは、なぜなのでしょう。

その最たる原因は〝親からの刷り込み〟です。

残酷《ざんこく》な話ですが、親が子どもの幸せを阻《はば》んでしまうことは、少なくありません。

親が満たされていない場合、子どもの幸せに嫉妬《しっと》してしまうのです。

母親に「私は、自分のやりたいことを我慢してきた」という気持ちがある場合、その隣で、娘が一番やりたいことをやって楽しそうにしていると、ケチをつけたくなる。

もちろん、娘の不幸を望んでいるわけではありません。けれど、娘が自分よりも幸せになることを、心から祝福できない母親は、実際に多いのです。

娘からすると、自分が幸せそうにするほど、お母さんの顔が曇《くも》っていく……。母親の不機嫌な顔なんて、子どもは見たくありません。だから、「私は幸せになってはいけないんだ……」と潜在意識レベルで思い込み、幸せになるのが怖くなっていくのです。

あなたが本当に出会うべき人に出会い、あるがままに生きるには、その思い込みを1つ1つなくしていく必要があります。

心の内を見つめて、ニセモノの自分を省《はぶ》いていき、本物の自分に至ること。

それが「内省の道」なのです。

内省の道には、2つのポイントがあります。

・動機の根をしっかり見ていく
・ニセモノの自分を追い払う

そのためには、自分自身を、頭の上から客観的に見つめる〝観察者〟になることです。

そして、自分の中を漂《ただよ》っている感情、働いている思考を見つめていきます。

・感じていること（今、心はどう動いて、何に影響されているのか）
・思っていること（今、何を考えて、何を期待しているのか）

それらに意識の光を当てて、いろいろな思考《しこう》と感情《かんじょう》が、自分の中にあることを知ります。

たとえ、ネガティブな思考や感情が、自分の中に渦巻いていることを自覚しても、「こんなこと考えるべきじゃない！」と善悪で裁いたり、「こんな風に思ってしまう私って、ダメな奴だ……」と自分を責めたりすることなく、ただただ内面を見つめます。

そして次に、

「なぜ、その感情が自分の中にあるのか？」

「そもそもなぜ、そう考えているのか？」

そう自分に問いかけながら、動機の根を見つめていきます。


その根っこを深く掘っていけば、幼少期に親から言われた心ない一言や、過去に傷ついた経験や、スマホで何度も目にした情報など、なんらかの影響を受けて、今のあなたの思考や感情が作られていることに気づくでしょう。

それを日常的に行うのが、内省の道です。

ここからは、実際に、ある女性の実体験をもとに学んでみましょう。

夢見ていた甘い結婚生活が狂ってしまったわけ

ある女性の実話です。

アラフォーの彼女は、10歳年下の彼と、いくつもの障害を乗り越えた大恋愛の末に、みごと結婚。長いこと夢見ていた甘い結婚生活が始まります。

彼女の期待通り、すべてが順調でした。

ただし、ある1つのことを除いては……。

彼女は、昔から子どもを望んでいましたが、子宝に恵まれなかったのです。

彼女は諦めることなく、不妊治療を受けたり、子宝が授かるという噂の神社に参拝したりしていました。ご主人と2人で趣味にも興《きょう》じ、子どものこと以外は、充実した日々を送っていたのです。

しかし、3年が過ぎたある日、人生の歯車が狂い始めます。

ご主人が、若い女性と浮気をしたのです。それを知った彼女は、大きなショックを受けます。食欲もなくなり、何も手がつかなくなり、次第に「私がきれいじゃないから、若くないから」と自分を責めるようになります。

彼女は、エステに通い、高い化粧品をいくつも購入。

すべては、ご主人から愛されるため。

テレビや雑誌で評判になっている美容法を熱心に学び、片《かた》っ端《ぱし》から試していきました。

しかし、それなりに結果は出るものの、それでは物足りなくなり、ついに美容整形に手を出します。どんどんきれいになっていく自分に、彼女は自信を持つようになります。

そして、顔だけでは飽きたらず、脂肪吸引や、豊胸手術など、体の気になるところすべてに、メスを入れるようになりました。

彼女は膨れ上がった美容整形の支払いに追われ、ついに消費者金融に手を出してしまいます。もちろん、ご主人には内緒。

いくつもの会社から借りたお金は、総額５００万円にもなりました。

しかし、街を歩けば、若い男にナンパされ、パーティーに出れば、カッコいい男性が言い寄ってくる。

今まで経験したことのない快感を得た彼女は、遊び回って家を空けることが多くなり、次第に生活も荒れてきます。それと共に、借金は膨らみ、ついに７００万円を超えました。
ある日、ご主人に、すべてバレてしまい、2人は、話し合いの結果、離婚することに。
彼女は、「こんなはずでは……」と涙を流しました。
どこで結婚生活が狂ってしまったのでしょうか？
幸せな結婚生活を送るには、どうすれば良かったのでしょうか？

幸せな結婚、不幸になる結婚

いつまでも若くきれいでいたいと思うのは、女性なら当たり前のこと。


彼女は、ご主人のことが大好きで、努力しました。

それがいつの間にかズレていき、彼女自身も違うことはわかっていたはずです。

しかし、止められなかった……。ご主人を振り向かせるため、良かれと思ってやったことが、すべて悪いほうへと進んでしまったのです。


不幸な結婚になってしまった、そのきっかけは、ご主人の浮気。

しかし、その原因は、そのもっと前にあります。

不幸の始まりは、結婚前にすでにあったのです。

果たして彼女は、何を求めて結婚したのでしょうか？
彼女にとって、彼は、どんな存在だったのでしょうか？
彼女の感情と思考にスポットを当てて、その動機の根を探ってみましょう。

彼女は、なんとしても結婚したかった。
それは、なぜか？
純粋に、幸せになりたかったから。でも彼女は、自分の年齢が気になっていた。
それは、なぜか？
彼と10歳も違う。さらに、子どもが産めるタイムリミットが迫り、焦っていた。
だから、なんとしても早くゴールインしたかった。

心の中には、そんな彼女がいました。
だから彼女は、幸せになる手段として、結婚を選びます。

では、その結婚の動機が発生している心の、さらに奥のほうの動きに、光を当てていきます。

彼女の心の中に、彼に幸せにしてもらわないと困る自分がいます。
なぜ、困るのか？

「結婚をしなければ、自分は幸せになれない」と思っているから。
なぜ、幸せになれないと思っているのか？

親に、ずっとそのように教えられてきたから。
そのせいで、「幸せは、誰かが自分に与えてくれるもの」と思い込んでいたからです。

では、彼女は、そもそも何が欲しかったのか？

〝親孝行〟という、表面的な親への言い訳。
〝世間体《せけんてい》〟という、周りへの説明の拠《よ》り所。
〝女の幸せ〟という、自意識を満たす実感。
〝子ども〟という、それらすべてを与えてくれる存在。

そのどれもが相手不在で、すべて自分のためにに手にしたかったのです。

ご主人との2人の子どもが欲しかったのではなく、自分の子どもが欲しかった。
彼女の内面には、ご主人を種馬のように考えていた、冷《さ》めたもう1人の自分がいました。

彼女の意識の中には、

「私に、女の幸せをくれるのが、あなた」
「子どもができないのは、あなたのせい」
「だから、いろいろな手を尽くして、私を幸せにして」
と叫んでいる自分がいます。

1人の心の世界は、奥底で全人類とつながっています。特に血のつながった親や子ども、夫婦やパートナーなど、近しい人ほど、つながりは強くなります。当然のことながら、ご主人とも太く強くつながっているわけですから、彼女の心の声は、(認識できているかどうかは別にして) ご主人にすべて伝わっているのです。

ご主人の立場になってみれば、単に種馬のように見られていたら、決して気持ち良くないでしょう。

期待通りにいかず、希望を叶えてくれないご主人に対して、彼女は数々の嫌がらせをして、〃無意識の復讐《ふくしゅう》〃をしたわけです。

きれいになって、ほかの若い男性と付き合う。

美容整形して、お金を使い込む。

夜の店で働き、自分の心と体を傷つける。


そうして彼女は、「私がこんなに不幸になったのは、あなたのせいよ」と言わんばかりに、自分を貶《おとし》めることで、みごとに復讐を完遂《かんすい》しました。

「自分はいけないことをしている」「求めていた幸せとはズレている」とわかっていながらも止められず、欲望や快楽のままに突き進んでしまった。

それが、不幸の根本的な原因、動機の根です。


この事実に、目を背《そむ》けたくなるかもしれません。

内省の道とは、時として残酷に感じることがあるでしょう。

しかし、その動機の根をしっかりと見つめることで、ニセモノの自分に気づくからこそ、あるがままの自分で、関係を築けるようになるのです。

離婚の悲劇を招いたのは、ニセモノの自分が暴走してしまったから。内省して、自分をしっかり見つめていたなら、この結婚生活は変わっていたはずです。

不幸な結婚とは、「この人に幸せにしてもらおう」と、一方的に求める結婚。幸せな結婚とは、「この人を幸せにしてあげたい」と、一緒に幸せになっていくと決意した結婚です。

ボタンの掛け違いは、いったん全部外して直さなければなりません。

そのために必要なのは、動機の根をしっかりと見つめて、何がニセモノの自分で、どれが本当の自分なのかを知ることです。

〃あるべき自分〃という不幸

たとえ人から認められても、ニセモノの自分を演じていたら、本当の幸せは訪れません。

自己実現を果たして、リッチでオシャレな暮らしをして、見るからに幸せそうに見える人の中にも、苦しみを隠している人は少なくないのです。

先日、１人の女性が、私のもとへ相談に訪れました。

彼女は有名なネイルサロンのオーナーですが、ほんの数年前までは、普通のＯＬでした。ある程度の給料をもらい、暮らしには困らない。けれど、ずっと憤《いきどお》りを感じていたと言います。

毎日、満員電車に揺られ、1日の大半を拘束される日々。浮いた話もなく、パッとしない。このままOLとして働いていく人生に疑問を感じていました。

きっと現代には、似たような悩みをもつ女性も多いことでしょう。

さて、そんな彼女は一大決心をして、会社を辞めてネイルスクールへと通い始めたのです。

彼女の性分《しょうぶん》に合っていたのでしょう。みるみるうちに才能を発揮し、またたく間に人気を得て、個人サロンを経営するまでになりました。

都内の高級マンションに住みながら、
好きな時間に仕事ができ、
憧れていたブランド品に身を包み、
極めつけは、日本でも有数の実業家の恋人になるという、
長年、夢に描いていた生活を手に入れた彼女。

雑誌やテレビでも取り上げられ、「私も彼女のようになりたい」と、多くの女性たちの憧れの的になりました。

しかし、彼女が思い描いていた幸せは、手に入らなかったのです。

実業家の彼とは結婚を果たすも、2年もたたず離婚しました。

深い悲しみを背負いながらも、みんなの前では〝憧れの存在〟でいなければなりません。その苦しみに耐えきれなくなって、私のもとへ相談に来たのです。

夢が叶ったはずなのに、なぜ、歯車が狂ってしまったのでしょうか？

それは、〝作られた自分〟を演じていたからです。

きれいな服を着て、世間にウケることを話し、バリバリ仕事をこなし、充実した日々を過ごしているように見せる。カッコ悪い自分、ダメな自分は見せられない。

　有名になるほど、周りからの期待は大きくなり、それに応えようと、ますます自分を偽《いつわ》るようになっていったのです。

　そうして、みんなが望む〝あるべき自分〟と、〝あるがままの自分〟とのギャップが大きくなるほど、彼女の苦しみは増していきました。

　しかしその原因は、彼女自身にあったのです。

　ビジネスでも、プライベートでも、彼女は付き合う人を〝条件〟だけで見定《みさだ》めていました。

　あの人は、仕事ができる、こんなスキルがある、資格がある、容姿がいい、お金持ちだ……。そうした〝条件〟で人を捌《さば》いてきたがゆえに、彼女もまた、同じ目線に晒《さら》されたのです。

お互い〝条件〟によってつながった関係に、安心感はありません。

どこか寂しいのです。場合によっては、恐怖すらつきまといます。だって、もしその〝条件〟が消えてしまったら、その縁も切れてしまうのですから。

もし、ダメな自分を見せたら、相手にされなくなるんじゃないか。捨てられるんじゃないか。別れを告げられるんじゃないか。愛されなくなるんじゃないか。そして次第に、あるがままの自分から遠ざかってしまうのです。

彼女も、人に弱みを見せまいと、ずっと仮面をつけているようでした。

そんな彼女を前にして、私はただただ「仮面を外しましょう」というメッセージを、あの手この手で投げかけたのです。そうしなければ、誰とも本当の絆《きずな》は結べないからです。

すると、次第に彼女の表情が変わり、本音を漏らし始めました。

「仕事では成功したけど、ずっと独りぼっちでした。有名になるほど、うわべだけの付き合いが増えて、心が休まる本当の友だちはいなくなりました。今、久々に飾らない自分になれた気がします」

そこには、あるがままの美しい素顔がありました。

◆自分を見つめる

どうしたら、〝ニセモノの自分〟と〝本物の自分〟を見極められるのでしょう。

それは、自分の〝思考〟や〝感情〟を客観的に観《み》ていくことです。


そのためのお勧めの方法が、日記を書くことです。


昔、ある1人の女の子が、北極老人に相談したときのこと。

その女の子には、急に寂しさが押し寄せてきて、落ち込んでしまう日がたびたびありました。

しかし、なぜそうなるのかわからず、悩んでいたのです。

北極老人は、その女の子に、日記を書くように勧めました。

「いいかい？　原因不明の不調に襲われたら、3日前に、自分が何をして、何を思っていたのか、振り返ってみなさい。きっと答えが見つかるから」

女の子は、言われた通りに日記を書き始めます。

1週間、2週間と過ぎていく中で、また何度か、謎の寂しさが彼女を襲いました。

そのたびに日記を振り返ってみると、だんだん、ある事実が浮かび上がってきたのです。それは、彼女にとって、認めたくない事実でした。

寂しさに襲われる3日前、必ず、彼とデートをしていたのです。

なぜ、デートの3日後に、寂しくなるのか？

その恋愛が、本当の愛（GIVE & GIVE）ではなかったからです。

彼女は、愛されたい、愛されたい、と思うあまり、自分に優しくしてくれる彼に、ただ愛のようなものを感じている、という状態でした。

「私はあなたを愛してる。その代わり、あなたも私のことを愛して」

これは、GIVE & TAKE の愛。つまり、情（エネルギー）の交換に過ぎません。

これを愛だと勘違いしている人が多いのですが、これでは、等価交換のビジネスとたいして変わらないのです。

ひどい場合は、TAKE & TAKE（奪い合い）の恋愛をしている人もいます。

彼女の場合、デートのときはいつも頑張って、ファッションも、化粧も、会話も、すべて彼好みに自分を合わせていました。その裏側には、いろんな不安があったのです。

「素顔の自分を見せて、嫌われたらどうしよう……」

「もしかしたら、体だけが目的なのかな……」

「ほかの女と、会ってるんじゃないか……」

いつも心配がつきまとい、2週間に1度、デートするときは楽しいけど、それ以外の13日間は楽しくない。そんな日々でした。

もし2人が本当に愛で結ばれていたら、一緒にいるときも、離れているときも、お互いのことを思うだけで毎日が楽しい。不安もない。迷いもない。恐怖もない。いつも幸せ。そう思うことができたはずです。

彼女は、日記をつけることで気づいたのです。

その関係は、〝愛じゃなかった〟ということに。

彼は、自分の寂しさを、一時的に埋め合わせるだけの存在でした。

極端にいえば、寂しさを埋めてくれさえすれば、彼でなくても（誰でも）良かったのです。

それから間もなくして、彼女は、彼に別れを告げました。

別れてからしばらくの間は、寂しくてたまらない日もありました。けれど、その気持ちも素直に日記に書き続けることで、〝本物の自分〟を見つめる時間が増えました。

それから半年も経たないうちに、彼女に大きな変化が訪れました。

しょっちゅう落ち込んでいたのがウソのように、いつも自然に笑っている。明るくて、一緒にいるだけで元気になれる、そんな女性に生まれ変わっていたのです。

薄っぺらい友情や、寂しさ予防の恋愛ではなく、GIVE & GIVEの人間関係に囲まれていました。

鑑定にいらっしゃるお客様にも、よく日記をお勧めしますが、みなさんすごく良い変化を実感されています。ぜひ、あなたも始めてみてください。

日記に書く具体的な内容は、

・感謝したこと　（見過ごしがちな感謝を、1つでも多く見つける）
・反省点　（日々、より良くなる点を挙げる）
・改善点　（失敗を繰り返さないための行動を明確にする）
・学び　（反省点と改善点を踏まえて、どのような学びがあったのか）

などがお勧めです。

ただし、最初からしっかりした内容を書こうと気負いすぎると、挫折しがちになります。まずは毎日1行でもいいから、とにかく続けることを優先しましょう。

たいてい、始めて間もないころは、

「自分はこんな誤解をされて嫌だった」

「こんなに頑張ったのに認めてもらえなかった」

という、不満やグチを書くだけで終わってしまうことが多いものですが、だんだんと書く内容に変化が表れます。

「あのとき、もっとこう言ってあげたほうが、喜んでもらえたかも」

「私って、いつも同じパターンで失敗してるよな」

というように、自分の行動を客観視できるようになっていくのです。

自分が映画の主人公だとしたら、それをスクリーンで見ている、もう1人の自分がいるような感覚でしょうか。

それが板についてくると、普段、人とコミュニケーションを取る中でも、リアルタイムで自分を客観視できるようになります。

すると、感情に振り回されなくなり、その場の空気にふさわしい行動が取れるようになっていくのです。

さらに、日記を書き、内省をしていくにつれて、自分の課題が浮き彫りになってきます。

・勝ちパターン　（これをやっていたら調子が良くなる）
・負けパターン　（これをやっていたら調子が悪くなる）

という自分の性質が、はっきりと見えてくるでしょう。

あとは日常の中で、勝ちパターンを増やし、負けパターンを減らすように常に意識していれば、確実に調子は上がっていきます。

そうして、内省を繰り返していくことで、本当のあなたが目覚めていくでしょう。

場をコントロールする魔法の呪文

伝統的なヨーガにおいても、悟りを求める求道者《ぐどうしゃ》たちが、師《メンター》に付いて学び始めるとき、師は弟子に対して、はじめに2つのルールを教えます。

それは「してはならないこと」と「積極的に行うべきこと」です。

実はこの7つずつの項目が、心をコントロールする上で重要な働きを果たします。詳しく見ていきましょう。

【してはならないこと】

1　非《ひ》暴《ぼう》力《りょく》：焦らない。比較しない。反発・攻撃しない。他人を傷つけない。
2　正《しょう》直《じき》：ウソをつかない。ごまかさない。人を見下さない。差別しない。
3　不《ふ》盗《とう》：他人のエネルギーや時間を奪わない。他者の注目や承認を求めない。
4　禁《きん》欲《よく》：不摂生《ふせっせい》をしない。心と体のバランスを壊すほどの快楽を求めない。
5　不《ふ》貪《どん》：欲しがりすぎない。独り占めしない。不必要なものは貯め込まない。
6　識《しき》別《べつ》：盲目的にならない。鵜《う》呑《の》みにしない。真実を見極める。
7　無《む》執着《しゅうちゃく》：こだわらない。しがみつかない。満足を求めない。囚われない。

【積極的に行うべきこと】

1 清浄《せいじょう》：周りの環境と、心身を清浄に保つ。
2 知足《ちそく》：与えられた環境や現状をまず受け入れ、感謝する。
3 苦行《くぎょう》：どんな状況でも、心の平安を保つ努力をする。
4 読誦《どくじゅ》：真実を探求し、心を高めてくれる勉強をし続ける。
5 信仰《しんこう》：相手の幸せを心から祈り、周りのためになることを進んで行う。
6 離欲《りよく》：結果を期待しない。今あるものに執着しない。
7 全託《ぜんたく》：すべてをお返しして、すべてを捧げ、すべてをお任せする。

これらのルールを一つずつ見ていくと、あることに気がつきます。

この中には、互いに矛盾する項目があるということです。

たとえば友人と会ったときに「お前さ、今日の服装ダサイよ」と〝正直〟に言ったら、それが相手を傷つけてしまい、〝非暴力〟に反することになります。だからといって、心の内だけに留めていたら、それは〝正直〟とは言えません。

これが何を意味するのかというと「〇〇に気をつけよう！」と、1つルールを決めたとしても、そこには必ず盲点ができてしまうということです。

ですから、この「してはならないこと」と「積極的に行うべきこと」を状況に合わせて、バランス良く取り入れることが大切なのです。

とはいえ、この14もの項目を、すべて意識し続けるなんて至難《しなん》の業《わざ》ですよね。

そこで、北極老人から教わった裏ワザがあります。

実はこの14項目は、呪文（マントラ）になっていて、繰り返し唱えるだけで、思考や感情をコントロールできるようになる、ということです。

まず、次のように唱えます。

「非暴力《ひぼうりょく》、清浄《せいじょう》、正直《しょうじき》、知足《ちそく》、不盗《ふとう》、苦行《くぎょう》、禁欲《きんよく》、読誦《どくじゅ》、不貪《ふどん》、信仰《しんこう》、識別《しきべつ》、離欲《りよく》、無執着《むしゅうちゃく》、全託《ぜんたく》」

何度も口に出して、音のリズムで暗誦しましょう。
実際にやってみると、驚くほど心がクリアになります。
ぜひ試してみてください。

自分も相手も幸せにする言葉の法則

いい人と出会い、仲良くなるために、表現力を高めたいという方は多くいらっしゃいます。

たしかに、高いコミュニケーション力があれば、人間関係は豊かになります。

しかし、それよりも大切なのは、言葉に〝どんな想い〟を乗せるかです。

自分の想いがクリアになると、〝言葉の響き〟が変わります。

同じ内容を話していても、相手が受け取る印象が変わるのです。

人は誰でも、1日およそ2～3万回、自分の脳内で会話をしています。

言葉に換算すると、10万語以上の言葉が脳内を飛び交い、その8～9割くらいは、ネガティブな言葉が使われているといわれています。

コップの水をこぼすと「またやってしまった……」。
人から注意を受けたら「嫌われちゃったかも……」。
お金がないと「将来、大丈夫かな……」。
失敗すると「なんて自分はダメなんだ……」。

しかし、起こった出来事をどう解釈するかは、自分次第です。
内省するということは、その自分の脳内会話を徹底的に自覚して、よりポジティブな解釈へと書き換えていく作業のことです。

コップの水をこぼしても「周りの人にかからなくて良かった」。
人から注意されても「教えてもらってありがたい」。
お金がなくても「きっといつかは良くなる」。
失敗しても「これで成長できるかも」。

何か困難や試練に出会ったとき、「どうせ……」とか「できない……」といった言葉を使うだけで、ますます、心は荒《すさ》み、頭の回転も悪くなってしまいます。

ほかに、「わからない」「無理」「ダメかも」といった言葉も同じです。それらの言葉を無自覚に使っていると、自分自身に暗示がかかり、余計にわからなくなります。本来、持っているはずの直感力すらも失われていくのです。

心は、言葉で変えられます。
言葉を選ぶことで、心の状態を選ぶことができます。
普段から、なるべくプラスの言葉を使うようにしてください。

「ありがとう」
「幸せ」
「大丈夫」

「許す」
「できる」
「なんとかなる」

心の中に湧いてきた言葉を、垂《た》れ流しにするのではなく、一言、一言、意識して口にすることです。

まるであなたの喉元《のどもと》に、浄水器ならぬ〝浄語器《じょうごき》〟が付いているかのように、内から出てくる言葉が喉元を過ぎるときに、きれいに濾過《ろか》されていくイメージを持ちましょう。喉《のど》にあるエネルギーセンター（ヴィシュダチャクラ）には、そういう働きがあります。

プラスの言葉を口癖にすると、だんだんあなたの脳内会話も、明るい言葉が増えていきます。すると、物事の受け止め方も、自然と前向きになります。

次の段階は、どんな言葉を口にするときも、祈りの気持ちを乗せることです。

スピリチュアルの世界では、「ありがとう」といったプラスの言葉を口にすると、幸せになる、運が良くなるといわれています。けれど、同じ「ありがとう」でも、どんな思いやイメージを持って発するかによって、その言葉の作用は変わります。

下心や義務感から発した、偽りの「ありがとう」は、ただの抜《ぬ》け殻《がら》です。

逆に、人の幸せを真に願いながら発した言葉は、どんなセリフであっても、相手とのご縁を深める祝詞《のりと》（祝福の言葉）になるのです。

第5章

純粋な気持ちで生きる／愛と見神の道

愛と見神の道

運命の出会いを果たすための道、最後は「愛と見神の道」です。

ややハイレベルなお話になりますが、今からお伝えすることを実践していただけたら、間違いなくあなたの人間関係は激変します。身近にいる人たちと愛のある関係が結ばれ、そこからまた新しいご縁が広がっていくでしょう。

そもそも〝愛〟とはなんでしょうか。

人それぞれの立場や局面によって、愛の表現は変わりますから、「これが愛だ」と定義するのは難しいかもしれません。

ただ、自分の行為に「愛がなかったこと」に気づくことはできます。気づくことで愛に近づくのです。

私が大学生のころ、ある女性の相談に乗ったときの話です。

彼女は、とにかく物事を悪い方向に捉えがちな性格でした。アドバイスをしても、なかなか話が進みません。だんだん私もイライラしてしまい、結局、あまり話がまとまらないまま早々に切り上げてしまったのです。

その日の夜。北極老人に何気なくそのことを話しました。

「あの人、性格に難ありで、暗い未来しかイメージできなかったんですよね……」

すると北極老人の顔が曇り、指摘されました。

「未来が暗い人なんて、この世にいない。
そう見えたのは、キミがその人を見下していたからだ。
もし、その人がご縁の深い人だったら、
キリストや、仏陀のような、聖者の生まれ変わりだと知ったら、
キミは態度を変えるのか？
だとしたら、今日のキミがやったことに愛はない。
キミが、人を色めがねで見ているほど、愛から遠ざかる」

私は自分のやっていたことが恥ずかしくなりました。自分はいかに愛がなかったかに気づき、以来、どんな人の相談に乗るときでも、諦めたり、軽んじたりしないと心に決めたのです。

どんな人に対しても、

「この人の良さが目覚めて最高に輝いたとき、どんな姿になるだろう?」

という目で見るようになりました。

そもそも、人の性格の〝良し悪し〟というのは、生まれながらに決まっているものではありません。周りの人たちから、どういう印象を持たれているかによって決まるのです。

簡単に言えば……、

もし、〝良い印象〟を持たれているのなら、良い性格、すなわち性格美人となり、

もし、〝悪い印象〟が多ければ、残念な性格、すなわち性格ブスになります。

性格が悪いといわれる人や、男をダメにするサゲマンと呼ばれる人も、その人が〝悪〟なのではありません。〝周りがそう見たから〟その通りになっただけです。

つまり、相手を〝どんな目で見るか〟によって、愛に近づくことができるのです。

◆過去のフィルターを取り除く

私たち人間は、相手を見ているようで、ちゃんと見ていません。

過去の記憶や、価値観や思い込みで、相手のイメージを作り上げて見ているに過ぎないのです。これは脳の機能の一種です。

たとえば、こんな経験はありませんか？

恋に恋し、一方的に燃え上がっているとき、実際はダサい男がカッコ良く見えていた。しかし、ケンカなどをして、ふと恋が冷めると、「アレ、こんな人だったっけ？」となったとか。

昔から、〝恋は盲目（Love is blind）〟といいます。

それはときめくような恋を求め、自分の中で演出して、勝手に相手のイメージを作り出してしまうことが原因です。

つまり〝脳はウソをつく〟のです。

そのことを知っておけば、ちゃんと相手の本質に目を向けられるようになります。

嫌いだと思っているものも、実は、思い込みに過ぎないのかもしれません。

「あの人の、この仕草がイヤ」

「あぁ、このパターン嫌いだなぁ」

それは、すべて過去の記憶と、それらにリンクされた感情を思い出しているだけなのです。


逆もまた然《しか》り。

「あの人の、ここが好き」という感情も、さかのぼれば、過去の記憶から来ています。その記憶に左右されているうちは、ちゃんと相手を見ることができません。

「あぁ、今、子どものころからの好きなパターンで見ているな」

「幼少期の過去の記憶から作って、その人を見ているな」

という自分に気づくこと。

どうせ、脳がウソをつくなら、相手の嫌な部分を見るのではなく、その人の本質を見ようとすることが、愛と見神の道を進む秘訣です。

本質を見ることにエネルギーを使う。それを意識してみる。

すると、嫌いだから避けるとか、イライラするということもなくなります。

そうやって、個人的な好き嫌いという感情（記憶）を超えていくのです。

最終的には、容姿や見かけなどにも左右されることなく、心のきれいさや純粋さ、魂の輝きや澄《す》みきり具合いを見ることができるようになります。

相手の魂を見るからこそ、魂レベルで結ばれた本物のご縁とつながることができるのです。


「いや羽賀さん、そうは言っても、心のきれいな人なんて、いないいんじゃないの？」と思われるかもしれません。

「あ、この人も、やっぱり心が汚れている」とガッカリしたり、

「うわー、この人、汚いなぁ」と避けたくなるかもしれません。

それもまた、違います。
それでは、単に人を差別しているに過ぎません。
心のきれいな人を見るのではなく、その人の中の一番美しい部分を見るのです。

一番美しい部分とは、その人の意識の奥底にある、輝ける魂のことです。

人間は、この世に生を受けたとき、神様から輝ける魂の火を授かっています。つまり、どんな善人であれ、悪人であれ、心の奥底には、神なる部分（女神・男神）が眠っているのです。
その魂は、生まれ変わりながら、ずっと持ち運びできる唯一のものです。

相手の欠点や短所ばかり見たり、失敗を責めていたり、
感情に振り回されていたり、過去の記憶で相手を作り上げたり、
自分の都合ばかりで考え、相手の本音を感じようとしなかったら、

魂の輝きは見えなくなります。

すべての女性は、女神。
すべての男性は、男神。
やがて、その女性は、女神になるんだ。
きっと、その男性は、男神になるはず。

はじめから、その人を女神・男神として見る。
それが、愛と見神の道です。
そうしていると、まず自分自身の意識がクリーニングされ、どんどん純化して
きれいになっていきます。
すると、繊細微妙《せんさいびみょう》な魂の声を聞き取るセンサーが磨かれていきます。

それが見神の道を歩むということです。

◆相手を女神・男神にする「とっておきの付き合い方」

ここでは、さらに一歩進んで、大切なことをお伝えします。

それは、買いかぶって付き合うということです。

買いかぶるとは、

「今は良くない状態かもしれないけど、本当のあなたはそうではない」

「あなたは、こんな程度では終わらない」

「あなたは、もっとできる」

「本来のあなたは、女神（男神）なんだ」
と信じて疑わず、見つめ続けることです。

私自身、高校生のころは目立った才能もないし、嫌なことがあったらすぐに逃げるし、親とはケンカばかりして、どこにでもいるような高校生でした。しかし、そんな私のことを、北極老人は、いついかなるときも、ものすごく買いかぶってくださったのです。

北極老人が、温かな目で見続けてくださったことで、私は変わることができました。その実感があるからこそ、私自身も、関わるすべての人にそうありたいと思っています。

女神・男神として扱われることで、相手の身の内に眠っている女神・男神が急速に動き始めます。

今までの記憶や刺激が残っているので、すぐに女神・男神にはなれませんが、「私は女神（男神）なんだ」という自覚が、意識の奥深くに芽生えます。すると、やがて別人のように変身する人が現れるのです。

もちろん「どうしても相手の嫌なところが目についてしまう……」ということもあるでしょう。

それでも信じて、信じて、信じきって、相手の輝ける部分を見て、魂レベルの付き合いをするのが愛と見神の道です。

一生のうちに、出会うことができる人の数は、限られています。親友になれるのは、せいぜい十数人。生涯を共にする人なんて、たったの数人かもしれません。それほど、1回1回の出会いというものは、貴重なのです。だからこそ、せっかく出会った人に対しては、相手の中に眠る神なる部分があると疑わず接してみることです。

もちろん、自分は魂の付き合いがしたいと思っても、相手がそれを望まないときも多々あります。仏教でいうところの、愛別離苦《あいべつりく》（愛する人と別れる苦しみ）と会者定離《えしゃじょうり》（出会った者は、いつか必ず離れるという定《さだ》め）のように、裏切りや傷つくこと、信じた人との別れはあるものです。それは人生では当たり前のこと。

面倒なことに巻き込まれることも、嫌な目にあうことも、これまではなんだったのかとガッカリすることもあるでしょう。簡単なことではありません。

しかし、１００人中99人に裏切られようとも、たった１人の運命の人に出会えたなら、それは素晴らしいことです。

「この人に出会うために、生まれてきたんだ」

そう心から思える〝誰か〟に出会うことこそが、あなたの真の願いであり、魂の喜びだからです。

相思相愛の関係になる

私が受験生だったころ、同じく受験生の1人が、北極老人に、勉強に集中できないと相談したときのことです。

北極老人は、その受験生にメッセージを送りました。

実はそこに、愛と見神の道の極意があったのです。

『勉強に集中できません』と悩むキミへ。

そう悩むこと自体ナンセンスだ。

それは、ただ単に、勉強を「愛していない」だけだ。

人が愛を持つとき、安らぎの心に近づく。
勉強を愛する心と、人を愛する心は、関係性的にイコールだ。

たとえば、名人と呼ばれる人がいる。
英語でも、料理でも、お茶でも。
彼女は、ただ努力して名人になったのではない。対象に惚《ほ》れたのだ。
英語に惚れて、料理に惚れて、お茶に惚れた。
惚れたら、こんどは対象が彼女に惚れてくれた。
英語が惚れてくれた。料理が惚れてくれた。お茶が惚れてくれた。
対象と相思相愛の関係になった。

相思相愛とは……。

英語で安らぐこと。
料理で安らぐこと。
お茶で安らぐこと。

対象と安らぐから、名人になれたんだ。

それは、勉強も同じ。
勉強に惚れたら、勉強もその人に惚れてくれる。
そうやって勉強と相思相愛の関係になったら、
勉強で安らげる。

愛は、一生続く。
愛は、裏切らない。

ところで……。

「最近、勉強で、スランプに陥《おちい》りました」
と、うなだれているキミの姿は、
「最近、彼女とのデートがつまらなくなりました」
と恋愛に悩むキミの姿そのものだ。

そのとき、誰もがこう言いたくなるだろう。

「別れなさい！」

そこに愛はないからだ。

「勉強」とデートしなさい。
「勉強」を喜ばせなさい。
「勉強」の身になって考えなさい。
「勉強」に告白しなさい。
「勉強」と恋愛しなさい。
「勉強」と結婚しなさい。

キミが「勉強が嫌だ」と思うとき、「勉強」が泣いている。
「勉強」は、キミにもっと愛されたがっている。
そこに愛がある限り、「勉強」はキミを裏切ったりしない。

この「勉強」のところを、「仕事、子育て、家事、会社、試験、学校……」など「あなたが苦手だと思っている物事」に置き換えてみてください。そして読み上げ、感じてみてください。

今、目の前にいるその人の奥に、神なる部分を見出して、
今、目の前で起こっているその出来事の奥に、神様のメッセージを感じる。
そして、神様と相思相愛の関係になる。
それが愛と見神の道の極意です。

第6章

本物の出会いを果たすために

◆竹取物語の秘密

ここまでは、あるがままの自分に目覚めて、最高のご縁につながるための4つの道をお伝えしてきました。

この第6章のテーマは、人間が生まれながらに持つ〝魂の願い〟についてです。

人は、なぜ生まれてくるのか？

よくスピリチュアルの世界では、「この世で、なんらかの天命を果たすため」といわれます。けれど、私が北極老人から教わった答えは、もっとシンプルです。

生まれてきたのは、〝会いたい人〟がいたからです。

私たちの魂は、輪廻転生《りんねてんしょう》を繰り返して、あの世とこの世を、行ったり来たりしながら磨かれ、成長していきます。ただし、すべての魂が、すぐにこの世に生まれてくるわけではありません。

「来世で、絶対にまた会おう」と約束をした〝誰か〟が呼んでくれたから、生まれてくることができたのです。

つまり、この世に生まれてきた以上は、広い世界のどこかに約束の相手がいるということです。

実は、そのことを教えている日本の昔話があります。

それが、かぐや姫が主人公の『竹取物語』です。

『竹取物語』は、平安時代初期に著された作者不明の物語ですが、単なるおとぎ話ではありません。

そこには、**人の〝生まれ変わり〟についての秘密**が隠されているのです。

かぐや姫のお話を、簡単におさらいしましょう。

＊　＊　＊

むかしむかし、山でおじいさんが、ピカッと光り輝く1本の竹を見つけました。

不思議に思って切ってみると、なんと竹の中から、かわいらしい女の子が出てきたのです。

おじいさんとおばあさんは、その子を「かぐや姫」と名付け、大切に育てます。

するとその子はみるみる大きくなり、それはそれは美しい女性へと成長したの

です。

あまりの美しさに、「どうか、かぐや姫をお嫁に」と、5人の貴族たちが、かぐや姫のもとへやってきました。いずれも、とても位の高い立派なお相手でした。

しかし、結婚をする気のないかぐや姫。

「では、私が言う宝物《ほうもつ》を持ってきてくださった方のところへ、お嫁に行きます」

そう告げて、世にも珍しい宝物を見つけてくるよう1人1人に頼み、無理難題を押し付けたのです。

5人の貴族は、何がなんでも、かぐや姫をお嫁にしようと奮闘します。

けれど、望んだ宝物を手に入れた者は、1人もいませんでした。

そうして貴族たちを追い返したかぐや姫ですが、「誰の嫁にもならない、美しい娘がいる」との噂は、とうとう帝《みかど》の耳にも届きます。

「ぜひ、かぐや姫を后《きさき》に迎えたい」

その帝の言葉を聞いたおじいさんとおばあさんは、「これ以上の縁組《えんぐみ》はない」と大喜び。

しかし、かぐや姫は権力には目もくれず、その求婚をも断ってしまったのです。

誰もが憧れ、羨《うらや》むような6人の男性。
そのすべての誘惑をはねのけたのち、かぐや姫は月へと帰っていったのでした。

＊　＊　＊

これが『竹取物語』のストーリーです。

かぐや姫に言い寄る男たち。彼らが愛したのは、あるがままのかぐや姫ではありませんでした。その美貌《びぼう》と、かぐや姫を我が物にすることによって得られる名声がほしかったのです。

このような人間関係は、あなたの身の回りにも溢れていませんか?

見た目がタイプだから、あんな素敵な彼・夫(彼女・妻)がいることがステータスになるから、という動機から始まる恋愛。駆け引きや、取り引きによってつながる関係……。

そこに本当の愛はないと、心のどこかで、気づいていながらも、
「誰でもいいから、この寂しさを埋め合わせてほしい」
という気持ちから、一時的な満足感、ドキドキする高揚感、下心のある優しさに、身を委《ゆだ》ねてしまう女性もいます。

かぐや姫は、欲に流されたり、情にほだされたりして、自分を安売りすることはありませんでした。寂しさに負けて、誇りを失うこともなかったのです。

本当に出会うべき相手が、月で待っている。

記憶の彼方《かなた》に、その思いがあったからです。


そして、かぐや姫に最後に訪れるのが、最も位の高い〝帝の求愛〟でした。

この物語における〝帝〟は、お金や財産、権力、自由、身分、結婚、他人からの評価……**すべてをほしいままにする〝力〟を象徴しています。**


「みんなの憧れの的《まと》になれる」

「欲しいものは、なんでも手に入る」


そんな欲求を叶えてくれる存在が、目の前にいるという〝最大の誘惑〟。

かぐや姫は、この誰もが憧れる帝の誘惑を退《しりぞ》けたとき、月へ帰ることができました。
このストーリーには、人生の神秘が隠されています。

前世の記憶のある場所

もともと、かぐや姫は月の住人でした。
月で犯《おか》したなんらかの罪を償《つぐな》うため、〃罰〃として地球に送られたのです。
しかし、月にいたころの記憶は消されてしまった……。

この物語において〝月〟は、〝あの世〟を象徴しています。

つまり、〝生まれてくる前の世界〟であり〝死んだら帰っていく世界〟です。

古代の日本人たちは、月を、死後の魂のおもむくところと考えていました。

『古事記』の神話に出てくる月の神様はツクヨミノミコト。

1度きりしか登場しない謎の多い神様ですが、ツクヨミの「ヨミ」とは、「蘇《よみがえ》り（黄泉帰《よみがえ》り）」のことを表します。

月は、「黄泉の国（死者の世界）」につながっているという意味なのです。

【竹取物語の世界】

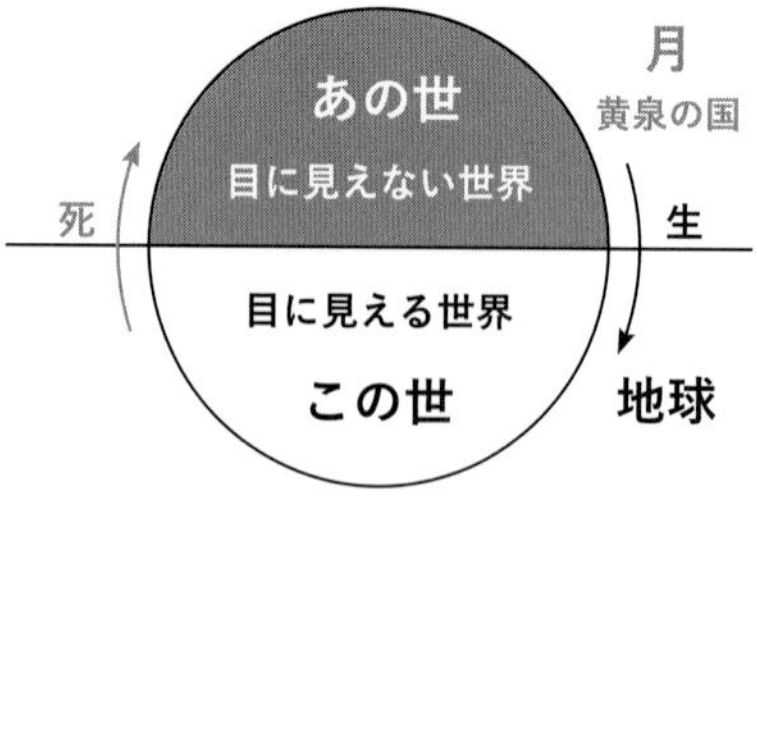

このような言い伝えがあるのは、日本だけではありません。

多くの民族の神話においても、月は生死を司《つかさど》り、魂の再生と深く関わっています。

〝魂〟とは、すなわち生死を超えて受け継がれる〝記憶〟とも言い換えられます。

現代では、「死んだら無《む》になる」と思っている人も多いでしょう。

だから、生まれてから死ぬまでの期間こそが〝人生〟だと考え、その時間をいかに充実させるか、その間にいかにやりたいことをするかを、必死に考えています。

しかし、死んでからも未来に残るものがあります。

それが〝記憶〟です。

私たちの中には、過去に生きていた人たちの記憶が、今なお生き続けています。

日本人としての記憶。
その土地に眠る記憶。
家系に受け継がれる記憶。
あなたのDNAに刻まれた記憶。
血の中に眠っている記憶。

それをスピリチュアルな言い方では、〝前世の記憶〟といいます。

ただし、前世の記憶を覚えている人は、ほとんどいません。この世に生まれてくるときに消されてしまうからです。かぐや姫が、月にいたころの記憶を消されたというストーリーは、そのことを暗示しています。

しかし、かぐや姫も、月にいたころの記憶を完全に失ったわけではありません。

月を見ると、無性《むしょう》に恋しくなったり、罪悪感にかられたりする。6人の男性に口説かれても、「私の居場所は、そこじゃない！」という衝動が湧き起こるのです。

その〝微《かす》かな直感〟こそが、運命の人に出会うための道標《みちしるべ》になっていました。

その直感は、私たちの中にも眠っています。

では、どうすれば目覚めるのでしょうか？

6つの誘惑を超える

かぐや姫は、6人の男性を退《しりぞ》けた末に、月に帰ることができました。

「6人の男性を退ける」というのは、「人生における、さまざまな誘惑を退けたとき、運命の出会いが訪れる」という暗号なのです。

誘惑に勝つための絶対条件、それは〝さみしさ〟に強くなることです。

1人になるたびに〝さみしさ〟に負けているうちは、心のスキマを、何かに依存することで埋めようとします。お酒、暴飲暴食、いらない買い物、セックス、とにかく予定を詰め込んで忙しくする、仕事に埋没《まいぼつ》する……。

そしてだいたい、恋愛依存になってしまいます。甘美《かんび》な言葉を語る男には簡単にダマされて、くだらない男に引っかき回されてしまうとか。ダメ男に頼られることでしか自分を肯定できず、共依存から抜け出せないとか。

ただ〝さみしさ〟を埋めたいから、という理由で結婚してしまうと、ろくなことはありません。

相手に嫌われることを恐れて、形だけの夫婦になります。本音を語らず、自分さえ我慢すればいいからと諦め、心を閉ざして、被害者意識だけ大きくなっていくのです。

いい男は、その女性が〝さみしさ〟を克服しているのかどうか、直感的にわかるものです。

もちろん、男女が逆の場合も然《しか》りです。

ここでいう「いい男、いい女」とは、内面が磨かれた人のことです。

容姿、稼ぎ、地位、名誉は関係なく、すごい実績を残した人のことでもありません。

いい女といい男がめぐり逢い、愛を育てることができれば、幸せが尽きることはないでしょう。

〝さみしさ〟は、決してネガティブなものではありません。

あなたが〝さみしさ〟をじっと受けとめて、真に出会いたい〝誰か〟を求めるエネルギーに変えたとき、運命の人が現れるのです。

本書でお伝えした4つの道を実践しながら、自分の感情と向き合いましょう。

襲ってくる苦しみから逃げない。

何が起きても、慌《あわ》てふためかない。

想定外の事態になっても、騒《さわ》ぎ立てない。
つらいからといって、快楽に走って忘れようとはしない。

さみしさ、苦しみ、悲しみ、つらさ……それらに真正面から向き合うこと。波立つ感情を静めて、意識をクリアにする。与えられた運命を受け入れる。他人と比べない。不完全な自分を認め、許す。刺激的なもので、ごまかさない。そうやって、慌てず、騒がず、じっとしていれば、たいていの悩みは過ぎ去り、解決していくものです。

どんな雨も、ずっと降り続けることはありません。
やがて天も、雨が尽きるときが、必ずやってきます。
いつか雨は止んで、晴れ渡るときがきます。
じっとしていたら去っていく。
すべての感情を、逃げないで味わい尽くす。

そうしてさみしさや苦しみと、真正面から対峙《たいじ》していたら、心は強くなります。
すると、感情がある臨界点に達したとき、自分が変容していきます。
感情が変化します。
そして、あるとき〝意識の転換〟が起きるのです。

孤独であったとしても、心は微動《びどう》だにしなくなります。
苦しくても、やるべきことを最後までやり遂げられるようになります。
嫌なことがあっても、腰を据《す》えて正面から受け止められるようになります。

あなたの発する空気も波動も変わり、より多くの神気を受信することができるようになって、出会う相手も自然と変わっていきます。

運命の人に出会うための通過儀礼

運命の人に出会う前には、通過儀礼《イニシエーション》が起こります。

本書に従って内面を磨いていたとしても、良いことばかりが起きるとは限りません。むしろ、葛藤の日々が続くこともあるでしょう。その中で、衝撃的な出来事に見舞われることもあります。

信じていた人に裏切られる。
トラブルに巻き込まれる。
職や居場所を失う。
ケガをしたり、病気を患《わずら》う。

大切なものをなくす……。

それらの、一見マイナスにしか思えないような出来事は、実は人生の毒出し《デトックス》であり、**運命の人に出会うための通過儀礼**のようなものです。

その突然の衝撃によって、体内に溜まっていた邪気が、一気に放出されます。

ある整体の技法の中に、めいっぱい力を入れて、一気にパッと脱力する方法があります。その衝撃によって体内の邪気が放出されるのです。

衝撃的な出来事とは、まさにその原理と同じです。

このとき、大事なことは、

人を責《せ》めない。人のせいにしない。されど自分を責めない。

グチグチ文句を言わない。後悔しない。引きずらない。

過去は、水に流す（全部できなくても、少しずつでも水に流そうと心がける）。

そうするなら、心の奥底に溜まっていたネガティブな感情、記憶、印象も一緒にクリーニングされます。

そして、意識のブロックが外れ、出会いの直感が目覚めるのです。

衝撃的な出来事があっても、

「よし、来た来た！　コレは運命の人と出会う直前の証《あかし》（サイン）だ」

と、歓迎できるくらいになったら、しめたもの。

その先には、人生を教えてくれる人、人生を共に歩むパートナー、働きがいのある会社や仕事、そして果たすべき天命が待っています。

あと一歩です。

月に願った青年

どれだけ大切にした人でも、〝運命の人〟と信じて疑わなかった人でも、思いがけず別れが訪れるときがあります。
そんなときには、ごっそりエネルギーが失われたような感覚になるものです。
しかし、別れがあるから、次なる出会いが生まれます。**「出会い」と「別れ」は表裏一体で、つらい別れこそが、〝運命の人〟とのご縁につながっていることもあるのです。**

【出会いと別れの循環】

「別れ」は、次なる「出会い」の原因となる
エネルギーとなって循環している

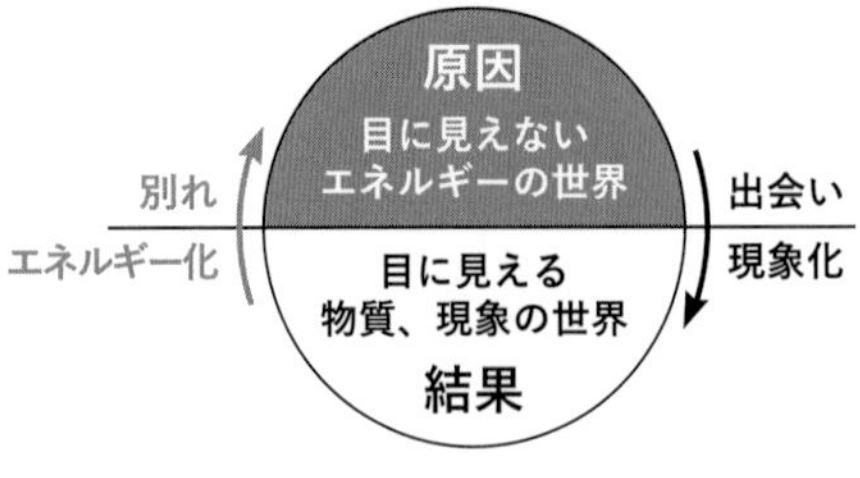

そのことを実感する瞬間が、私にも何度かありました。

1つは、忘れもしない、仲間の1人が急にいなくなってしまった、あのときです。

話は十年以上前にさかのぼります。

私は、北極老人から受験勉強を教わり、人生が変わりました。そして、大学生になって、北極老人に弟子入り。

当時、同じように弟子となった仲間が十数人いました。みんな大学卒業時には就職の道はあえて選ばず、北極老人から授かったものを受け継いでいこうという誓いのもと、一緒に「御食事ゆにわ」という飲食店をオープンしたのです。

それから数年は、本当に苦労しました。

お金もない。経験もない。技術もない。社会的信用もない。もう、ないないない尽くし。

ただ、「こんな偉大な師匠に出会えたのだから、転んでも絶対にただでは起きない」という、熱い気持ちだけを頼りに、同じ釜の飯を食い、雨の日も風の日も支え合ってきたのです。

ところがある日、突然でした。

仲間の1人が、何も言わずに去っていったのです。

空っぽになった彼の部屋の前に、呆然《ぼうぜん》と立ち尽くすしかありませんでした。

ウソだ……、信じられない。

あんなに師匠にお世話になって、あんなに愛を注いでもらったのに、挨拶もなく出ていくなんて。そんな不義理なことは許せない、という怒り。

どうしてもっと早く、彼と本音で語り合えなかったのかという憤《いきどお》り。

別の道を進みたくなったのか、単に逃げたくなったのか。

結局のところ、彼が去っていった理由はわからずじまいでした。

後悔が押し寄せ、抜け殻のようになっていた私に、北極老人が話してくださったのは〝愛と情の違い〟についてでした。

失ってから後悔するのは、それが〝愛〟ではなく、〝情〟だからだと。

情とは、過去からやってくる感情。

重くて、冷たくて、じめっとしている。

愛とは、今、目の前にしかないもの。

決意であり、覚悟であり、軽くて、温かくて、涼やかなもの。

たとえば、誰かに優しくしてあげる。面倒を見てあげる。人はそのように何かを与えたとき、無意識のうちに〝見返り〟を求めがちです。

「これだけやってあげたんだから、これくらいは返ってきて当然でしょ？」と。

それは人の〝情〟であり、過去が生み出した心のしがらみなのです。

あんなに仲良くしていたのに、あんなに面倒を見てあげたのに、あれほど将来を誓い合った仲なのにと、過去を恋しく思う気持ちを、人は〝愛〟と錯覚しがちですが、それは〝情〟であって、〝愛〟そのものではないのです。

そして北極老人はおっしゃいました。


「誰と話すときも、すべての言葉を、遺言《ゆいごん》のような気持ちで語りなさい」


この一言に、目が覚めました。

いなくなって初めて、「もっと伝えたいことがあった」と感じた自分は、目の前の人と本気でぶつかることを、どこか避けていたのです。きっと、1日のうちに何度も、今までの人生で何百万回も、先延ばしにしてきたのです。

愛じゃなかった……。そう気づかされました。

ほかの仲間も、この突然の別れに学び、また目の前の人と本気で関わろうと、各々が決意を新たにしたのですが……、実は、この話には続きがあります。

それから、数年後の年の暮れ。

精悍《せいかん》な顔立ちをした1人の青年が、私たちの店を訪ねてきました。

ランチを一口ひとくち丁寧に味わい、食後の余韻《よいん》を楽しんでいた彼に、ホールのスタッフが話しかけます。

聞けば、彼はイタリアで修業を積んだ料理人だということ。ちょうど日本に帰国したばかりで、自分に合う職場を探していたときに「御食事ゆにわ」を知り、訪ねてきたというのです。

青年の名は、夏梅《なつうめ》といいました。

期せずして、その日は私たちの会社で制作中のドキュメンタリー映画『美味しいごはん』の撮影日でもありました。

まさかそんなタイミングで、料理人が訪れるなんて！

偶然とは思えないということで、「せっかくですから、ゆにわの厨房で、一緒に料理してみませんか」と店長のちこが話を持ちかけ、映画の一コマに出演してもらうことに。

彼は緊張した面持《おもも》ちを見せながらも、「喜んで」と、話はトントン拍子に進んだのです。

厨房服に着替えて、現れた彼を見て、私たちは目を見合わせて驚きました。

その出で立ちといい、醸《かも》し出す雰囲気といい、〝ある人〟にそっくりだったのです。

そう、数年前に私たちの前からいなくなった、あの彼に――。

「あいつが、帰ってきたみたいだ……」

心の中でそうつぶやいたのは、私だけではありませんでした。

それぞれが運命的なものを感じながら、映画の撮影は大いに盛り上がりました。

そしてこの日をきっかけに、ちょうど仕事を探していた彼は、ゆにわの仕事を手伝うことになりました。そのわずか1週間後には、正式に私たちの仲間入りを果たしたのです。

会ったばかりのはずなのに、なぜか彼とは感覚が合い、これまで何年も一緒に修業をしてきたかのようでした。今や彼は、私たちの店に欠かせない存在となっています。

また不思議なことに、初対面のときはあんなに「似ている」と感じたその面持《おもも》ちは、すぐに消えていったのです。あれはなんだったのか……、まるで神様が、**「離れていったご縁も、巡り巡って返ってくるものだよ」**と、教えてくれたかのようでした。

この出会いは、彼にとっても運命的なものだったといいます。

彼はのちに、こう語っていました。

「イタリアから日本に帰ることを決めて、またゼロから歩み出そうとしたとき、なんとなく、月に向かって祈るようになったんです。ご縁のある人のところへ、導かれますようにって。

すると、友人にある占い師を紹介されて、その人にこう言われました。

『あなたはもう、料理で人を救う道を知っていますね』って。

料理で人を救う？　そのときは意味がわかんなくて、それって自然食とか、そういうことかなぁ、くらいのイメージしかありませんでした。

次の日、本屋に行って、自然食コーナーを眺めてたら、1冊の本が光って見えた。

それが、『ゆにわ』の本でした。読んですぐ、直感でわかりました。自分が求めてたのはこれだって。迷わず、会いに行こうと思いました」

それは本当に、神様に導かれたとしか思えない、奇跡的な出会いでした。

どれだけ人を大事にしても、報われないことはあります。

けれど、それによって、人を信じられなくなったり、希望を失わないことです。

与えた愛は、ご縁の糸を巡り巡って、必ずあなたのところへ返ってきますから。

人は皆、縁起の大いなるつながりの中にいます。

過去に出会った人たちも、未来に出会うべき人たちも、見えない糸でつながっているのです。

だから、孤独を恐れることはありません。

孤独になったときこそ、その寂しさを手軽な方法で埋め合わせるのではなく、夜空の月に手を合わせてみてください。

真に〝会うべき人〟、心の底から切に会いたいと願う人に、巡り会わせてください、と。

そのとき、あなたの真の直感が目覚めるのです。

外伝

北極青年に訪れた運命の出会い

最後に、一番大事なお話です。

〝自分の好きな人と結ばれたい〟と願う人は多いものですが、ご縁は自分で結ぶものではなく、神様に結んでいただくものです。

だから、好みのタイプ、理想の条件にこだわりすぎると、神様からの証（サイン）を見逃しかねません。

神様が与えてくださるご縁のことを、〝ご神縁《しんえん》〟といいます。

ご神縁で結ばれた人は、数々の偶然や、絶妙のタイミングに味方されて、導かれるかのように出会います。そして、お互いに感じるのです。

「この人は、なぜか、初めて会う気がしない……」と。

北極老人と奥様との出会いは、まさにそのような出会いだったそうです。

今回、本書の執筆にあたり、改めて北極老人と奥様から、その出会いのエピソードを伺いました。

＊　＊　＊

北極老人が、まだ25歳（北極青年）のころの話です。

当時を知る人によれば、北極青年は当時から異彩を放つ存在だったそうです。

「彼は、しょっちゅう芸能人と間違われるくらい、オシャレだったね」

「あの若さで、どんな相談にも的確に答えてしまうんだから、信じられない」

「シルヴェスター・スタローンみたいな体型で、とにかく腕相撲が強かった。たしか400戦無敗だったかな」

どこへ行っても、周りの女性陣からはモテモテ。けれど、当の北極青年はそんなことにはお構いなしに、ただひたすら学問に励んでいたそうです。

もっぱら興味があるのは、

「どうすれば、この世から争いや差別が消えるのか」
「人の幸・不幸を決めるものは何か?」
「全世界の人が幸せになる道はないか?」

そうした途方もない疑問に挑むことのみ。寝る間を惜しんで勉強し、万巻の書を読破し、夜中まで誰かの人生相談に乗り、青春のすべてを真理の探求に捧げていたのです。

ただ、1人で走り続けることに、限界を感じていたのも事実でした。人の一生は短い。その中で大事を成すには、支え合い、共に同じ夢を見ることのできるパートナーが必要だと。

それまで北極青年は、誰かの幸せを祈ることはあっても、自分のことを祈ったことはありませんでした。しかし、そのとき初めて、神様にこう願ったそうです。

「生涯、ともに歩める、理想のパートナーに出会わせてください」と。

そして3週間、雨の日も風の日も、どれだけ仕事が遅くなった日も、とある神社に欠かさず通い続けることを決めました。

当時、北極青年には、特に仲のいい女性が3人いました。Aさん、Bさん、C

さん、いずれも周りの友人から、恋人どうしと間違われることもあるくらい親しい間柄でした。

神社に通い始めて、ちょうど1週間が過ぎたころ。

Aさんから電話がかかってきたのです。それは意外な知らせでした。

「あのね、私、彼氏ができたの！　今までたくさんアドバイスしてくれたおかげだと思う。だから、一言お礼が言いたくって」

そして2週間が過ぎた日に、今度はBさんから連絡がありました。

「急なんだけど、仕事の都合で引っ越しすることになって……。なかなか会えなくなるけど、頑張ってくるね！」

神社に通い始めてから、AさんもBさんも、急にご縁が離れていったのです。

偶然とは思えない。もしかして、残されたCさんが、運命の人なのか……という思いが一瞬、頭をかすめましたが、まだ残りは1週間あります。

いよいよ、3週間目。

Cさんからは……何もありません。ただ別の友人から、「Cさん、ここのところ仕事が忙しくて大変みたいだね」と、噂が流れてきただけでした。

さて、どうしたものか……。

肩透かしを食って、呆然《ぼうぜん》としていた矢先、友人からあるパーティーに誘われます。

「急に欠員が出ちゃってさ。悪いけど、来てもらえないかな?」

ちょうどその日は予定もなく、誘われるままに、北極青年はパーティー会場に向かいました。友人から聞いた時間通りに到着すると、なぜか一番乗り。ずらりと並ぶイスの最前列に腰かけ、始まるのを待ちます。しばらくして会場が賑わい出したころ、案内係からアナウンスが流れました。

「前のほうの席から、順に詰めてお座りください！」

まばらに席を埋めていた人たちが、いっせいに前へ詰め始めます。

その次の瞬間。ざわめく会場の音が、ピタリと止んだように感じるほど、透き通った声が聞こえました。

「お隣、よろしいですか？」

視線を上げると、そこに立っていたのは、妖精のようなかわいらしい女性。

どこかで見た気がする……、でも、思い出せない。不思議な感覚になったそうです。

そして気がつくと、通い続けていた神社の空気がふわりと降りてきて、まるでオーロラのカーテンのように、2人を包んでいたとか。

パーティーの会場で2人はすっかり意気投合し、そのまま近くのカフェへ。

話の流れで、北極青年が手相を見ることができると聞いた彼女は、「ねぇ、占って！」と両手を差し出しました。手のひらに目をやると、くっきりと運命の変わり目が手相に表れていたのです。

「25歳の誕生日から、前後2週間に、人生を変えるような出会いがあるよ」

すると彼女は、目をまんまるにして驚きます。

「えっ！　ほんとですか⁉　私、ちょうど1週間前に25歳になったばかりなんです！」

「……ってことは、あと1週間以内にすごい出会いがあるか……、もしかしたら、もう出会っているかもしれないよ！」

さらに話は盛り上がって、気づけばもう終電ギリギリの時間でした。

駅の改札口でお互いの連絡先を交換し、北極青年は彼女を見送ります。

「今日は楽しかった。ありがとう」

「遅くなったから、気をつけて」

北極青年が家に帰ってしばらくすると、彼女から電話がありました。無事、家に着いたとの知らせでした。それからまた話に花が咲いて、結局、気づけば外は明るくなっていました。


そして翌日。北極青年は、友人のTくんと会う約束をしていました。そこに彼女も誘い、一緒に会うことに。待ち合わせ場所に現れた北極青年の後ろから、ひょこっと、かわいらしい女性が顔を出し、Tくんは驚いた様子でしたが、すぐに打ち解けました。

そして3人で食事をしていると、不意にTくんが声を上げました。

「あーっ！　思い出した！」

いったいどうしたのか、北極青年と彼女は顔を見合わせていると、興奮ぎみにTくんが言います。

「ほら！　この前、一緒に見たあのダンス番組、覚えてるやろ⁉」

「ダンス……？　あぁ、あのときの？」

彼女のことを、どこかで見た気がしたのは、気のせいではありませんでした。なんと北極青年とTくんが、ちょうど1週間前に見ていたテレビのダンス番組に、たまたま出演していたのが、今、目の前にいる、その彼女だったのです。

北極青年が神社に通っていたときから、もう出会いは始まっていたのです。

この日から、北極青年と彼女は生活を共にするようになります。そして、のちに結婚。

言うまでもなく、彼女の手相に表れていた〝運命の出会い〟とは、北極青年のことだったのです。

奥様に尋ねたことがあります。「北極青年と出会ったばかりなのに、どうして心を許せたんですか？」と。すると奥様は、このようにおっしゃっていました。

「彼の〝声〟に、安らぎを感じたから。

それと、もう1つ。横断歩道を渡りながら、彼の腕にしがみついたとき、すごく腕がたくましくて……、この人なら大丈夫って、根拠なく思えたの」

北極青年がそのことを知ったのは、ずいぶんあとになってからでした。ただ不思議なことに、ちょうどそのころを境に、北極青年は長年の筋トレ生活を終えていたのです。

何げなく続けていた筋トレで身につけた、太い腕。

それが運命の人に見つけてもらうためのサインだということを、魂は知っていたのかもしれません。

ちなみに、北極青年が彼女を連れてご両親のところへ挨拶に行ったとき、彼女の名前を聞いて、母親はたいそう驚かれたそうです。

それもそのはず、その彼女の名前は、母親が「もし女の子が生まれたら、この名前をつけます」と神様に誓っていた、その名前だったからです。

＊　＊　＊

北極老人ご夫妻のお話は、まるで、神話を聞いているようでした。

けれど、すべて実話です。

この本に書かれたことを実践していただけたら、神様が授けてくださったとしか思えないような出会いが、あなたの人生にも訪れます。

今まで、ずっと苦労してきたこと、
失敗して痛い思いをしたこと、
何げなく続けてきたこと、
がむしゃらに努力したこと、
それらの伏線が、全部一気に回収されるような、感動的なシナリオが用意されているのです。

あとは、あなたの直感を信じるだけ。

過去のつらい経験も、
自分の嫌いなところも、
生まれ持った性格や顔立ちも……、
何もかも、この人に出会うために与えられたものだったんだ！
神様、ありがとうございます！

そう言って、思わず手を合わせたくなるような、運命の出会いを果たしたとき、
あなたはすべてを許し、すべてを手に入れ、すべてを愛しているでしょう。

今までの人生で、一番深い呼吸とともに――。

おわりに

本書の執筆を始めた２０２０年。

新型コロナウイルスが世界を襲い、世の中の常識が激変しました。

人に会うことを恐れる人が増えて、多くの人間関係が断たれました。

仕事も、学校も、買い物も、友だち付き合いも、人に会うことなく、オンラインだけで完結してしまうような仕組みが、整えられていきました。

今後、この流れは、間違いなく加速していきます。

残っていくのは、数少ない、本当に大切な人との関わりだけになるでしょう。

きっと今回の騒動によって、不安に苛《さいな》まれる中、多くの人が気づいたはずです。
こうして窮地《きゅうち》に立たされたとき、損得を超えて支え合える人がいるということが、どれほどありがたく、心強いかということに。

私は北極老人から、ずっと教えられてきたことがあります。

人生は、

What「何を」
When「いつ」
Where「どこで」
Why「なぜ」
How「どのようにして」

よりも、

Who「誰と」が大事だと。

将来、何になりたい？　大きくなったら、何をしたい？　あなたの夢は？
小さなころから、多くの人が〝何を〟に迫《せま》られて生きてきたはずです。
だから、〝何を〟に人生の答えを見いだそうとする。

けれど、そうして追い求めた末、路頭《ろとう》に迷っている人が、どれだけ多いことでしょう。

幸せは、〝誰と生きるか〟で決まるからです。

その証拠に、「明日、死ぬとしたら、最後にやりたいことは？」と問われたとき、
誰もが、まず自分にとって一番大切な人の顔を、思い浮かべるのです。

そして、何をしたいとか、そんなことはどうでもよくて、

とにかく、あの人に会いたい。

笑った顔が見たい。
声が聞きたい。
手を握りたい。
見つめ合いたい。

ただただ、そう願うのです。
それが、魂の願いであり、人生の最終目的だからです。

本書は、遠回りせず、最短ルートで、あなたが出会いたい人と結ばれる方法を書いた、人生の奥義書です。

どうか、あなたの周りに、心から〝温かい〟と思える人の輪を築いてください。
あなたに、運命の出会いが訪れますように。

羽賀ヒカル

羽賀ヒカル（はが・ひかる）

東洋思想・神道研究家
1983年、京都生まれ。大阪府立大学 社会福祉学部卒業
高校生の頃から神道、東洋思想のマスターである北極老人に師事し、占術、風水、神道の秘伝を継承。大学卒業後は、北極老人の一門によって設立されたグレイトティーチャー株式会社にて活動。
現代社会が抱える諸問題の根底に日本人の信仰心の喪失があると説き、日本人の心に火を灯すべく、講演、執筆、YouTube「神社チャンネル」、会員クラブ「ゆにわ塾」などを通じて啓蒙活動を行う。

主な著書に、『書けば叶う』『不思議と自分のまわりにいいことが次々に起こる神社ノート』『龍の神様と出会うたったひとつの方法』（いずれもSBクリエイティブ）など。

神社チャンネル
https://www.youtube.com/c/jinjachannel/

羽賀ヒカル公式ブログ
http://ameblo.jp/mpdojo/

ゆにわの総合情報サイト
http://www.hokkyoku-ryu.com/

イラスト／新保日南
装丁／冨澤 崇（EBranch）
校正協力／あきやま貴子・新名哲明
制作／ a.iil《伊藤彩香》
編集／小田実紀

本書のご注文、内容に関するお問い合わせは
Clover 出版あてにお願い申し上げます。

出会いの教科書 運命の出会いは存在する――

初版1刷発行 ● 2021年7月20日
2刷発行 ● 2021年7月28日

著者
羽賀《はが》 ヒカル

発行者
小田 実紀

発行所
株式会社Clover出版
〒101-0051 東京都千代田区神田神保町3丁目27番地8 三輪ビル5階
Tel.03(6910)0605 Fax.03(6910)0606 http://cloverpub.jp

印刷所
日経印刷株式会社

ISBN978-4-86734-027-1 C0011